改訂新版

密教概論

高神覚昇

大法輪閣

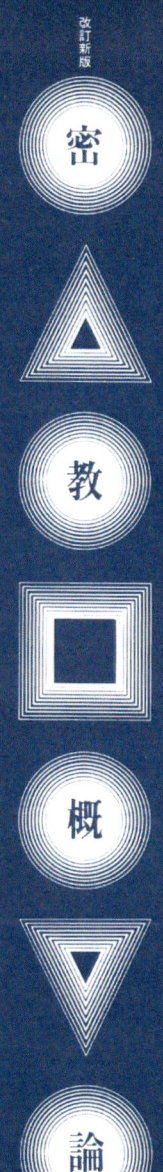

再版序

私が初めて『密教概論』を世に問うたのは、いまから数年まえのことである。当初の目的は、その教理が一般仏教とは違って、きわめて複雑にして難解であるがために、とかく誤解され勝ちな真言密教をば、出来るだけ組織的に系統的に記述することによって、その正しい相を世間の識者に紹介せんがためであった。というのは、いったいこれまで世に出ている密教に関する著述は、あまりにも通俗に過ぎて平易に失するか、また反対にあまりにも専門に傾いて難解に失するかの嫌いがあったので、その欠点を補うつもりで、さきに密教研究者の手引として、この書をあえて出版したのであった。

しかし後になって研究や講義の際に、ときおり本書をよみ返してみると、これまで一向気がつかなかった不備な点や、叙述の言葉の上に、幾多の不満な箇処があることを発見したので、いっそのこと『密教概論』をひとまず絶版にし、改めて新しく形式をかえたものを出そうと企てたのであった。ところがさて着手してみると、忙しいせいもあろうが、今の自分には全然旧著と異なったものが容易にできそうにもない。それにまたやはり旧著にはどこか捨て難いユニークな所もある。それに発行所の都合で殆ど絶版に等しいような状態である上に、本書を要望する声が最近著しく急に多くなったので、本意ではないが旧著の不備な点を、改訂増補し、新たに内容索引を付し、ここに第一書房版として上梓した次第である。いずれにしても要するに本書は、真言密教の素描《デッサン》である。もとより密教の思想が、悉く本書に盛られているとは考えないが、とにかく密教の立場、真言学的なもの、真言的性格といったものは、だいたい本書によって掴みうるとおもう。

願わくは本書が新しき密教研究者に対して、何らか貢献するところあらば、著者としては望外の光栄である。

最後に本書の索引の作製については、専ら鈴関宥俊君の尽力によったことを記して、以てふかく感謝の意を表しておく。

昭和十二年六月一日

東京　鷺宮　無窓庵にて

著　者

凡例

一、密教は一般仏教学と同じく、哲学、宗教の渾然と一致せるものである。故に両者の限界を判然と区別することはできないが、本書は専ら哲学（教相）の方面よりして、真言密教の素描を試みたものである。従ってもちろん真言密教の全体を描写したものではない。しかし少くとも教相上の問題は本書の性質上比較的簡単ではあるが、できるだけ多く取扱っておいた。

一、従来密教に関した出版物は、概ね教理や歴史、または事相（宗教）の一部の伝統的解説が主であった。本書もまたいささか啓蒙的解説の書たる誹りを免がれないが、著者としては出来得るかぎり、密教の教理を思索し翫味し、且つ十分にそれを咀嚼し往々に伝統的解釈を否定せぬまでも、少くともそれを止揚することによって、つとめて大胆に卑見を発表しておいた。

一、本書一部の組織については第一章緒論に於て述べた如く、本書は教判論、教理論、仏身論、成仏論の四部門より成立している。而して右の中特に著者の意を注いだものは、仏身論と成仏論とである。著者はこの二章において新しき意味に於て密教独自の立場を光闡した積りである。

一、本書は読者の読み易いように、本文はなるべく平明に且つ簡単に記述しておいた。しかして特に重要なりと考えたもののみ、各節毎に「註」を設けて、一々その出処と典拠とを明らかにし、更に詳細にその意味内容をも説明しておいた。

一、本来密教徒としては、祖師先徳の名を呼ぶに、一々敬称を用うべきが当然であるが、本書は学術的著述の形式に従い、弘法、興教両大師以外はこれを省略しておいた。例えば龍猛菩薩を龍猛、善無畏三蔵を善無畏とした如きである。本文中に、単に大師とあるはすべて弘法大師を指す。

一、十巻章はあえて頁数を挙ぐる必要なきために省略しておいたが、その他は専ら『大正大蔵経』、『弘法大師全集』(洋本)、『興教大師全集』等によってその巻数ならびに頁数を挙げておいた。

改訂新版(一九八九年)の凡例

一、旧仮名遣はすべて現代仮名遣に改めた。

一、本文ならびに注記における漢訳仏典などの原文の引用は、訓み下し文に改めた。この場合は旧仮名遣のままにした。

一、誤植その他の改めるべきもの、記述上の若干の相違など、明らかに修正を要するものは、加筆訂正した。

一、漢訳語に対応すると思われるサンスクリット語で、チベット語訳などから推定してもなお比定し得ない用語は、原本のままにして、あえて改定しなかった。

一、難読と思われる密教用語などには新たに適宜、ルビを付した。

一、旧版の索引の頁数を改めて、本書のそれに合わせ、語彙を若干、加えた。

一、改訂版ではあるが、原本の体裁は出来得る限り、そのまま残すように努めた。

装幀・正井慧／CINNAMON

目　次

密教概論

第一章　緒　論

一

古来わが密教は秘密の教えとして、容易に一般学徒の窺知をゆるさなかった為か、世間からは往往にしておもいもよらぬ誤解を受けている。すなわち密教は仏教の婆羅門教化したもので純粋の仏教ではないとか、または密教は加持祈禱を主とする浅薄な宗教でそこには何ら深い哲学的要素はない、といった風に考えられているのである。(1) しかしこれは元より密教に対する誤解である。つまり密教を真に理解しない人たちの認識不足である。いったいわが弘法大師空海上人(A.D.774—835)によって開かれた真言宗、(2) すなわち日本に発達した真言密教は、かの印度や中国におけるが如き素朴的な教理的背景をもった宗教ではなくて、少くとも大乗哲学の精華と称せられる華厳、天台の教学を止揚（Aufheben）したものである。従って真言密教の裡には大乗教学を代表する、法相、三論、天台、華厳のいわゆる「四家大乗《しけだいじょう》」が、止揚的契機として高次的に統一されているわけである。この意味に於て私は華天（華厳・天台）両一乗の弁証法的発展として、わが真言密教の位置を眺めんとするものである。もっとも前にもいった如く、それはわが国に成立し発展したる密教についての場合であるが、とにかく弘法大師の独創たる「横竪《おうしゅ》の教判」にも示す如く、真言密教は事教二相の上において、立派に華天両一乗を止揚していることは疑うべからざる事実である。ところで今ここに私のまさしく述べんとする密教概論は、主として教理すなわち教相の方面から、真言密教の根本精神は果して何処にあるかの問題をば、なるべく古来の伝統的言葉を活かすことによって、出来得るかぎり平易に取扱ったものである。

二

かつて拙著『仏教序説』に於ても述べておいた如く、元来仏教の思想は、便宜上、次の如き三種の方面より研究することが便利であると思う。すなわち一は仏の説ける教——経典論（教理論）二は仏とは何ぞやの教——仏身論（仏陀論）　三は仏となるの教え——成仏論（修行論）である。

ところで右の中で教理論と仏身論とは、いうまでもなく仏教の説明原理であって、成仏論こそまさしくその要求原理ともいうべきものである。すなわち仏教の当為《ゾルレン》（Sollen）は、実に成仏の問題にあるのである。「仏になる」という問題を外にしては、少くとも他に仏教の理想はあり得ない。従って右の如く一応は三分法による仏教研究が妥当であるといっても、結局その中心問題は、成仏論の研究に帰するわけである。けだしかかる意味に於て、わが真言密教の理想も所詮は成仏の問題にあることは申すまでもない。端的にいえば真言密教は、成仏思想の極致たる「即身成仏」を唯一の旗印として、集大成された哲学的宗教である。故に真言密教の綱格たる「教相」と「事相」(3)とは、つまり「いかにして即身成仏は可能なりや」という問題をば、理論と実践との二方面より、最も合理的に且つ具体的に説明せんとしたるものに外ならぬ。で、私は以上の如き観点に立って、暫く便宜上、次の如き四種の方面より密教の思想内容を説明していこうと思うのである。すなわち、第二章教判論において、まず教判の意味を論じ、次で横竪の教判、すなわち顕密二教と十住心の教判を述べて、密教が仏教学の中に於て、いかなる位置を占めているかを示し、第三章教理論に於て、密教教理の基調たる六大、四曼、三密及び阿字の思想を論じて、密教の哲学的背景を説明し、第四章仏身論に於ては一応密教の仏陀観を述べ、次で密教の教主大日如来の仏格を論じ、五仏及び四種法身の問題を説き、更に密教の教主に関する古来の異説たる本地・加持の両説を述べ、本地身説を主張する古義派と、加持身説を力説する新義派との学的相違を明らかにし、最後に両部曼荼羅論に於て、曼荼羅の意味、金剛界と胎蔵界の組織と内容とについて説明し、第五章成仏論に於て密教の理想たる成仏の問題を解説し、その過程として成仏の意味及び成仏への楷梯として、すなわち断惑証理の内容として三劫、六無畏、十地の思想を論じ、最後にその結論としてまさしく即身成仏の問題を取扱ったのである。

以下項を改めて順次真言密教の思想内容を吟味してゆきたいとおもう。

註

（1） 密教を分つと、雑部密教と純部密教との二種になる。前者は顕教諸経典に現われたるもので、応身たる釈迦の説、後者は密教経典に現われたるもので、法身大日の説である。一は専ら攘災与楽を旨とし、一はあくまで転迷開悟を目的とする。その他両者には種々異なる点も多いが、ここでは我が国で発達したといってもよい密教の二つの流れ、すなわち東密と台密について一言申し述べておきたい。けだし東密とは東寺系の密教という意味で、弘法大師（A. D. 774—835）によって伝えられたる真言密教を指す。これに対して台密とは天台系の密教という意味で、伝教大師（A. D. 767—822）によって伝えられた天台教系の密教のことである。而して両者同じく密教と称するも、その教理内容に於ては種々なる点に於て相違がある。しかしそれらの問題を一々ここで詳述する余裕はないから、簡単にその主なる相違点を示しておこうとおもう。

(一)　東密は『金剛頂経』『大日経』の両部の大経を根本所依の経典とする。台密は更に『蘇悉地経』を加え、三部の経典を以て根本所依とする。

(二)　東密は釈迦の所説を顕教、大日の所説を密教とする。台密は顕密二教共に釈迦の所説とし、顕密二教の相違は教主の相違でなくて、教理の浅深によるものだとする。

(三)　東密では顕劣密勝の立場から、天台宗を劣とし、『法華経』の価値を両部大経以下のものとする。台密では天台円教と真言密教との間に勝劣を認めず、『法華』『大日』二経同値なりとする。(但し山門派では理同事別と称し、理論は同じきも事相は別なりとし、寺門派では理同事勝といい、理論は同じきも事相の点に於て真言は勝れておるという)

(四)　東密は六大体大説を以て一宗の綱格とするに対し、台密は阿字体大説を以て中心とする。従って教理の説明方法に於てそれぞれその趣を異にする。

(五)　東密においては両部相承でそれに付法と伝持との二種の相承説があるが、共に八祖相承である。

(1)　大日如来—金剛薩埵—龍猛—龍智—金剛智—不空—恵果—弘法(付法八祖)。

(2)　龍猛—龍智—金剛智—不空—善無畏—一行—恵果—弘法(伝持八祖)。

台密では三部相承で、三部それぞれその相承の祖師を異にしている。

a　胎蔵界—大日如来—善無畏—(一行 義林)—順暁—伝教

b　金剛界―大日如来―金剛薩埵―龍猛―龍智―金剛智―不空―順暁―伝教

c　雑部―金剛道場大牟尼尊（釈迦）―┬菩提流支―太素―――――――┐
　　　　　　　　　　　　　　　　　└阿地瞿多―┬江秘―――――┤
　　　　　　　　　　　　　　　　　　　　　　├霊光―――――┼伝教
　　　　　　　　　　　　　　　　　　　　　　└惟象―――――┘

但し伝教大師は密教を伝えたるも未だ天台密教を組織したというわけではなく、事実上に於ける台密一家の祖は慈覚大師（円仁）（A.D.794―864）であるから、ここに慈覚大師によって台密三部相承説を掲ぐれば左の如し。

一、胎蔵界―大日如来―金剛薩埵―龍猛―龍智―金剛智―善無畏―不空―一行―恵果―恵則―義操―義真―法全―円仁

二、金剛界―大日如来―金剛薩埵―龍猛―龍智―金剛智―不空―善無畏―一行―恵朗―恵果―恵則―義操―義真―全雅―円仁

三、蘇悉地―大日如来―金剛薩埵―龍猛―龍智―金剛智―善無畏―一行―恵果―恵則―義操―義真―円仁

（ちなみに東台両密の相承説については、東寺杲宝著『玉印鈔』等を参考せよ。）

この外、東密の野沢根本十二流。台密の十三流の分派等についてなお記すべきことは多いが、今はこれを略しておく。

次に秘密（guhya）という語の宗教的意義について、いま少しく具体的な説明を施しておこう。さて密教における秘密について、最も端的に説明されたものは弘法大師の『弁顕密二教論』における二種の秘密説である。すなわち同書巻下には次の如くいう。

「いはゆる秘密に且く二義あり。一には衆生秘密、二には如来秘密なり。衆生は無明妄想をもつて本性の真覚を覆蔵するが故に、衆生自秘といふ。応化の説法は機に逗《かな》つて薬を施す。言《ごん》は虚《むな》しからざるが故に。ゆえに他受用身は内証を秘してその境を説きたまはず。すなはち等覚も希夷し、十地も絶離せり。これを如来秘密と名づく。」

而してこの二種の秘密の意味をば、更に敷衍し説明したるものは、かの五大院安然の『教時問答』巻四に顕われたる四種の秘密説であろう。すなわち四種とは、一、諸仏所秘（頓悟の機にあらざれば、或いは誹謗し、曲解する嫌いあるゆえ、秘して授けず。例えば小児に利剣を与うるが如く、有害にして無益なればなり）二、衆生自秘（衆生自ら自己の本性を知らずして、公開されたる秘密を覚悟せず。故に衆生自ら秘して迷う）三、言説秘密（諸仏の密語は別に深甚の義を有す。故に字相のみを解せば往々にしてその字義を失う。故にこれを秘す）四、法体秘密（仏の自内証の境界は等覚、十地の菩薩も容易に見聞し覚知する能わざるが故にである）

以上の如く秘密に対しては二種または四種、その他古来種々なる解釈もあるが、要するにいずれも密教所説の秘密の有する思想内容を各方面から解説したもので、つまり密教の秘密とは、一面に於ては容易に何人にも理解し得ない深秘なるものという意味の語ではあるが、他面に於てまたその秘密は、世間の秘密の如く故意に秘せられたるものではない。未だ自覚せざる人には秘密であるが、自覚せる人には秘密ではない。いわゆる「公開された秘密」であり、万人に示された公然の秘密であることを表示せるものである。

（2） 真言とは梵語の曼怛羅（mantra）で、密語、明、呪、如語、真実語などと訳されているが、つまり真言とは「真実なる言葉」または「神聖なる言葉」という意味である。故に真言とは、真実にして虚妄なき「如来の言語」「仏陀の言葉」というべきである。従って真言密教とか真言乗とか真言宗とかいった場合、それは「如来の聖なる言葉によって組織された宗教」または「仏陀の真実なる言葉によって建設された宗教」といったような意味である。すなわち如来の自内証の世界、すなわち体験の世界をありのままに端的に説かれた教えがとりも直さず真言密教である。なお古来真言の名を以て一宗を表示することについて種々なる異説があるが、要するに真言宗は声字即実相の立場よりして言語を尊重し、すべての言語はそのまま宇宙の真理を詮表するものとして、あらゆる言葉にそれぞれ特殊な意味を認めるものである。故にかかる立場よりして、真言の二字はとりわけ最も意義ありと称せられている。弘法大師の『真言二字義』（真偽未判）はこの真言の二字を種々なる方面より解釈されている。ちなみに大師は『弁顕密二教論』巻上において『楞伽経』及び『釈摩訶衍論』に現われたる五種言説を引用し、前四種は妄言説、第五の如義言説こそ真実語にして、この如義言説によりて仏の自内証の境界を説かれたものが真言密教であるといわれている。

（3）古来、真言宗では「教相は覚の所在を示し、事相は可修の道を教う」と称せられている。すなわち教相とは理論の哲学、事相とは実践の宗教である。故に教相は事相の哲学的価値を示すものであり、事相は教相の宗教的実践を教うるものである。この意味に於て事教二相は、車の両輪、鳥の双翼である。これについて興教大師は次の如くいわれている。

「事相の行人、教相の顕露、難を加へ、教相の学者、事相の無智、難を致す。一偏、是れ邪執なり。二相必ず兼ぬべし」『諸流通用口訣』（全集五六九）。

なお事相、教相の名称の典拠は、

「経に、『秘密主よ、云何が真言教法なりや』といふは、すなはちいはく阿字門等なり。これ真言の教相なり」――『大日経疏』第七（大正蔵三九、六五一）。

「およそ秘密宗の中には、皆因縁の事相に託して、以て深旨を喩ふ」――『疏』第八（大正蔵三九、六六六）。

※以下、『疏』は『大日経疏』、『二教論』は『弁顕密二教論』、『宝鑰』は『秘蔵宝鑰』、『即身義』は『即身成仏義』、『十住心論』は『秘密曼荼羅十住心論』、『声字義』は『声字実相義』、『管弦相成義』は『秘密因縁管弦相成義』をさす。

第二章　教判論

第一節　序説

およそ教判とは、教相判釈《きょうそうはんじゃく》の意味で、あらゆる教相を批判し、統一し、更にこれを組織立てることである。[1] 別言せば、ある一個の当為《ゾルレン》に立脚して、自己が少くとも普遍妥当なりと確信する原理によって、あらゆる他の教学の価値を批判することが、とりも直さず教判の根本的意味である。ところでここに一つの問題がある。それはその原理の発見とその体系化である。すなわち、いかにして原理を発見し、而してこれをいかにして体系化し合理化するか、ということである。けだし釈尊一代の教説には、その間自ら浅深、権実の不同のあることはいうまでもない。しかもその所説の教法において、いずれを真実とし、いずれを方便とするや、ということは極めて困難なる問題である。

おもうに教判に種々なる形式があることは畢竟ここにその原因があるので、例えば自己のとる立場、すなわち自己の見方のいかんによって、或いは時間の前後より、或いは説法の形式より、或いは説法の内容よりして、幾多の教相判釈《きょうそうはんじゃく》が現われるのである。しかもその教判の本質は、要するに教相の批判によって如来出世の本懐、仏陀自覚の内証が、いずれにあるかを見出し、その発見したる原理をば、そのまま自己の当為とすると同時に、更に一歩進んでは、その当為をして論理的に且つ体系的に価値づけるものであるということができる。この意味において教判ということは、いわゆる立教開宗の根本的な基礎工作であると共に、それはまた一宗独立の最大条件であるといわねばならぬ。

ところでいま真言密教の教判には横竪の二種の教判がある。[2]横の教判とは顕密二教の教判である。竪の教判とは十住心の教判である。すなわち大師は一切の仏教学を研究し、思索し批判することによって、そこに最高理想として即身成仏の原理を発見された。「父母、生ずるところの身に速やかに大覚の位を証す」という即身成仏の原理をば、まさしく人生の理想として如実に認得されたのである。しかもその原理こそ永遠不滅なる宗教的理想にして、それはまたとりも直さず仏陀自覚の内証、法身大日の真言なることを、いみじくも看取されたのである。かくてわが大師は数ある諸種の経典の中から、自己の独自な識見によって、いわゆる「六経三論」[3]を選択し、以て真言教学の権威ある裏書とせられたのである。けだし『弁顕密二教論』は、顕密二教の価値批判をなす横の教判の論であり、『宝鑰《ほうやく》』『十住心論』は心品転昇《しんぽんてんしょう》、すなわち宗教意識の発達過程を表示する十住心の思想によって、真言密教の独自的価値を立証した竪の教判の論である。次に私は項を改めて真言教判の内容を考察していこうとおもう。

註

（1）およそ仏教の教判には二種の形式がある。すなわち一はただ教相を分類して、あえて優劣浅深を判ぜざる教判、一は一切の教相を分類するのみならず、更に進んで優劣浅深を批判する教判である。一は広義の教判であり、一は狭義の教判である。而していまここにいう教判は狭義における第二の形式を指せるものであるが、私は少くともこれが真の教判の意味と価値とを表示するものとおもう。

（2）密教教理史上に於て、真実の意味における教判は、弘法大師の横竪の二教判である。しかしいま試みに遡って大師の教判の先駆となっているものを尋ねてみよう。まず第一に挙ぐべきは龍猛（Nāgārjuna A. D. 150―250）の教判である。すなわち龍猛（樹）はその著『大智度論』四、一に於て、「仏法に二種あり。一には秘密、二には顕示」といって、いわゆる秘密教と顕示教、深秘なる教えとしての密教と、浅略なる教えとしての顕教との二種の批判を試み、――勿論それは主として陀羅尼（dhāraṇi）の説不による区別であるが――更に『菩提心論』に於ては判然とその顕密二教の相違は、帰する所、成仏の遅速、即身成仏の説不にありといっている。すなわち『菩提心論』には次の如くいう。

「惟《ただ》し真言法の中にのみ即身成仏するが故にこれ三摩地の法を説く、諸教の中に於て闕して書《しょ》さず。」

次に疏家すなわち善無畏（A. D. 637―735）は『大日経』の翻訳者であり、同時に『大日経疏』の著述者である。師は『疏』第九（大正蔵三九、六七二）に於て、

「略説するに、法に四種あり。いはく三乗と及び秘密乗」といっている。また『疏』第十五（大正蔵三九、七三一）にも「秘密とは如来秘奥の蔵、顕露の常教とは異なる」等といっているが、この疏家の顕密対弁は結局、三乗対密教で、ある意味においてこの秘密乗は一乗教と同一価値のもので、華天両一乗と密教との間に於ては、未だ判然たる学的批判がなかったのである。この外、金剛智（A. D. 670―741）の『金剛頂義訣（金剛頂経大瑜伽秘密心地法門義訣）』（上、三三）や不空（A. D. 705―774）の『三十七尊出生義』（五）『表制集』（一、一八）などを見ても、それはただ権実の分別や、または三一の対弁に過ぎず、未だ弘法大師に見るが如き堂々たる教判はなかったのである。この故にたとえ大師以前に顕密二教の教判があったとしても、それはただ成仏の遅速、陀羅尼の説不ということが教判の眼目であったのである。従って真実なる意味における真言の教判は、大師の横竪の教判において初めて見出しうるのである。

（3）六経三論とは、

一、金剛頂経（金剛頂一切如来真実摂大乗現証大教王経）　三巻　不空訳（大正蔵第一八巻）

二、大日経（大毘盧遮那成仏神変加持経）　七巻　善無畏訳（大正蔵第一八巻）

三、金剛頂五秘密経（金剛頂五秘密修行念誦儀軌）　一巻　不空訳（大正蔵第二〇巻）

四、瑜祇経（金剛峯楼閣一切瑜伽瑜祇経）　一巻　金剛智訳（大正蔵第一八巻）

五、聖位経（略述金剛頂瑜伽分別聖位修証法門）　一巻　不空訳（大正蔵第一八巻）

六、楞伽経　十巻　菩提流支訳（大正蔵第一六巻）

一、菩提心論（金剛頂瑜伽中発阿耨多羅三藐三菩提心論）一巻　龍猛造　不空訳（大正蔵第三二巻）

二、釈摩訶衍論　十巻　龍猛造　筏提摩多訳（大正蔵第三二巻）

三、大智度論　百巻　龍猛造　羅什訳（大正蔵第二五巻）

右の六経三論の中、真言宗として最も重要なる経論は、いうまでもなく『大日経』『金剛頂経』の両部大経、及び龍猛の『菩提心論』『釈摩訶衍論』である。

第二節　顕密二教の教判

――横の教判――

一

前にも述べた如く、およそわが仏教はこれをいろんな立場から分類し、批判し、統一し、組織することが可能である。すなわち観点の相違によって種々なる教判の形式が生まれるのであるが、いまかりに仏教を教主の立場から分類するならば、次の如く三種とすることができるとおもう。

一、釈迦教　二、弥陀教　三、大日教

第一の釈迦教とは、釈迦牟尼仏を本尊とし教主とするもので、小乗仏教を初め法相、三論、天台、華厳ならびに禅、日蓮などの諸の宗派はこれに配当することができる。第二の弥陀教とは、阿弥陀仏を教主とするもので、かの浄土教の諸宗派はこれに摂せられる。第三の大日教とは、大日如来を中心とするもので、正しくわが真言宗がこれに当るのである。ところでいま真言宗の立場よりすれば、第一と第二とはいう所の顕教で、第三がすなわちこれ密教である。けだし真言密教は、一代仏教を批判する場合、つねに顕密二教の形式を以てするから、以上の教主の相違による三分類は、結局、顕密二教に還元せられるわけである。

さていま『弁顕密二教論』(1)によって顕密二教の教判を見るに、大師は法相、三論、天台、華厳のいわゆる四家大乗を拉し来りて一々これを批判の俎上に上せ、いずれもこれを顕露、浅略なる教えと貶して顕教と名づけ、これに対して前述の六経三論によって裏書された真言密教をば深奥、深秘の教えとしてこれを密教と称したのである。かくてここに立教開宗の基礎工作たる顕密二教の教判は、わが大師によってまさしく成し遂げられたのであった。いま私は『二教論』を基調として二三の主なる観点より、顕密二教の価値批判を試みてみようとおもう。

一、能説の教主について

顕密二教の第一の相違点は、能説の教主が全然異っているということである。すなわち顕教は応化仏たる釈迦の説、密教は法身仏たる大日如来の説である。

これについて『二教論』開巻第一に次の如くいう。

「それ仏に三身あり、教へはすなはち二種なり。応化の開説を名づけて顕教といふ。言《ことば》、顕略にして機に逗《かな》えり。法仏の談話これを密蔵といふ。言《ことば》、秘奥《ひおう》にして実説なり。」

これによってみるに顕教の教主は応身または化身であり、密教の教主は法身である。すなわち応化仏たる釈尊が、機根の浅深に応じて説かれた方便の教えが顕教である。これに対して法身仏たる大日如来が、機根のいかんを問わず、方便をからずして、如来自証の境界をありのままに開説せられたのが密教である。この意味に於て一は説法であり、一は証法である。一は随他意の説であり、一は随自意の説である。一は浅略なる方便の説であり、一は深秘なる真実の説である。

ところでここで一言せねばならぬことは「法身の説法」ということである。普通に顕教では法身(dharma-kāya)は、真如(tathatā)または法(dharma)の人格化であって、それは無色にして無形、従って説法なしというのである。しかるに、密教ではこれに対して法身は色もあり形もあり、従って説法ありと主張するのである。すなわち大師は『二教論』巻下に於て「顕学の智人、皆法身説法せずという。この義然らず、顕密二教の差別此《かく》の如し。審《つまびら》かに察し、審かに察せよ。」とて、『楞伽経』『智度論』等を引証して、さかんに法身説法を力説せられている。(2)

二、所説の教法について

すでに顕密二教は、その能説の教主を異にする以上、その所説の教法においても優劣浅深のあることはいうまでもない。すなわち大師は四家大乗が各自その本質とし至極とする教理をば、一々鋭き批判によってその絶対的価値を否定し、或いは遮情の分域となし、或いは入道の初門なりと判ぜられているのである。例えばかの三論の骨目たる八不説に対しても、天台の三諦円融の教理に対しても、自宗の立場より見れば或いは至極であり、究竟であろうが、真言門の世界より眺むれば、畢竟未だ入道の初門に過ぎずといい、また法相が体妙離言と称する勝義勝義諦の境地、或いは華厳が果分不可説という十仏の自境界、いずれもそれは顕教の立場においてのみ許さるべきもので、わが密教こそそうした絶対離言の境地を説き得るものであるというのである。換言せば顕教の不可説なりという果分の世界をば、法身大日如来が如義真実語を以て端的に開説されたものが、とりも直さずわが真言密教なのである。従って顕教は浅略、密教は深秘の教えたることはいうまでもない。

三、成仏の遅速について

顕密二教はその所説の法門に於て相違せることはすでに述べたところであるが、その所説の教法に於ける、根本的相違は実に成仏の遅速についての問題である。端的にいえば密教は即身成仏を説くに対し、顕教はこれを説かないというのである。もっともこの即身成仏の説不を以て顕密二教の批判の旗印とすることは、すでに大師以前、印度、中国の祖師たちが、ひとしく依用することであるが、その顕教の成仏説については一般に、顕教は三大無数劫（阿僧祇劫）の修行を経て後、ようやく無上菩提を証得するという、いわゆる三劫成仏が顕教の成仏観であるようにいわれている。しかしこれはもとより権大乗一部の成仏観で、華天両一乗の成仏観は決してかくの如きものではない。かの天台、華厳の成仏論は現身成仏説で隔生成仏説ではないが、未だそれは単なる一個の理談で、実践上の問題として考えた場合、それはとうてい密教の即身成仏論の比ではないのである。されば大師は古来の祖師の学説をば高次的に統一し集大成することによって、『即身成仏義』一巻を撰して、ここにいわゆる二経一論八個の証文を引証し、理論と実践の両方面よりして、名実共に真言一家の旗幟《きし》としての即身成仏の原理をば、最も大胆に且つ巧みに闡明せられたのである。すなわち理論の哲学としての即身成仏説をば、まさしく実践の宗教として具体化された所に大師の偉大なる世界があるのである。

二

以上、私は二三の主なる観点より顕密二教の根本的相違を示したのであるが、この外『二教論』には、『六波羅蜜経』『守護国界陀羅尼経』等の経典を引証して、法身の説法たる真言陀羅尼の不可思議なる功徳を高調すると共に、その最勝なる陀羅尼門こそとりも直さず真言密教であることを力説している。(3) 詳しくは『二教論』下を参照すべきである。

おもうに以上に述べた顕密二教の批判は、主として大師の『二教論』の所説によったものであるが、この大師の教判をばいま一層徹底的に批判せられたのは、わが興教大師《こうぎょうだいし》覚鑁上人（A. D. 1095—1143）であろう。興教大師はその著『五輪九字明秘密釈』（全集三）『顕密不同章』（全集一三）『顕密不同頌』（全集三九九）等に於て、最も精細に顕密の不同を論じ、「顕密二教無量の不同あり、略して述ぶるもなほ一万の不同あり」とて、種々なる方面より徹底的に微に入り細に亙りて顕密二教の対弁を試みていられるのである。けだしいま私を以てすれば弘法大師は主として、建立為本《こんりゅういほん》の立場より顕密二教の批判をせられたるに対し、興教大師は専ら行門為本《ぎょうもんいほん》の立場より顕密二教の対弁をせられたるもので、宗祖開山両大師いずれもひとしく顕劣密勝を高調し、そこに真言密教独自の世界を開拓し光闡せられたるものというべきである。

註

（1）『二教論』の製作年代は不明であるが、かの大師の『広付法伝』の中に「法身説法章の如し」といってあるが、この書は恐らくいまの『二教論』を指す様におもわれる。すなわちこれについて智山の運敞はその著『広付法伝纂解』に於て「この付法伝中の法身説法章とは二教論を指す云々」と云っているが、少くとも『広付法伝』の前に、この論が撰述されたものとおもわれるのである。しかるにこの『付法伝』に広略の二本がある。略本は弘仁十二年九月の製作であるから、広本はこれより以前であり、更に『二教論』はそれ以前であることもまた確かである。とにかく顕密二教の対弁は、単に『二教論』に始まったのではなく、『御請来目録』の中にもかの有名なる「一心の利刀を翫《もてあそ》ぶは顕教、三密の金剛を揮ふは密蔵」の一句があるより見ても、つとにその萌芽はあったものと見るべきである。

（2）法身説法の問題は真言一家不共の見方であるから、両部大経を始め密教所依の経典には、到る所に散説されているので、大師は前述の如く六経三論を引いて法身説法の可能を論証されているが、いま試みにその一班を示しておこう。すなわち、『二教論』下には、『楞伽経』第二巻の文を引いて次の如くいう。

「またつぎに大慧、法仏報仏の説は、一切の法の自相同相の故に、虚妄の体相に執著するをもつて分別の心、熏習するによるが故に、大慧、これを分別虚妄の体相と名づく、大慧、これを報仏説法の相と名づく。大慧、法仏の説法とは、心相応の体を離れたるが故に、内証聖行の境界なるが故に、大慧、これを法仏説法の相と名づく。大慧、応化仏の所作、応仏の説は、施・戒・忍・精進・禅定・智慧の故に、陰界入解脱の故に、識想の差別の行を建立するが故に、もろもろの外道の無色三摩抜提の次第の相を説く、大慧、これを応仏の所作、応仏説法の相と名づく。」

とて三身説法の分斉を述べ、次に『同経』第八巻の文を引いて、

「大慧、応化仏は化衆生の事をなすこと、真実相の説法に異なり、内所証の法、聖智の境界を説かず」

といい、応化仏は如来自内証の境界を説かず、ただ法身仏のみ内証の境地を説くというのである。次に『二教論』下には『智度論』第九巻の文を引いて次の如くいう。

「仏に二種の身あり。一には法性身、二には父母生身なり。この法性身は十方虚空に満ちて、無量無辺の色像端正にして相好荘厳せり。無量の光明・無量の音声あり。聴法の衆もまた虚空に満てり。」

「法身の仏は常に光明を放つて常に説法したまふ。しかるに罪をもつての故に見ず、（中略）かくのごとく法身は常に光明を放つて常に説法したまへども、衆生は無量劫の罪垢厚重なることあつて、見ず聞

かざること……。」

（3）『二教論』下に『六波羅蜜経』第一巻の文を引いて、諸仏所説の正法は摂して、素怛纜、毘奈耶、阿毘達磨、般若波羅蜜多、陀羅尼門の五種の蔵と為すことを得とて、最後に陀羅尼門について次の如くいう。

「もしかの有情、契経・調伏・対法・般若を受持すること能はず、或ひはまた有情、もろもろの悪業の四重・八重・五無間罪・謗方等経・一闡提《せんだい》等の種々の重罪を造れるを銷滅することを得せしめ、速疾に解脱し頓悟涅槃《ねはん》すべきには、しかも彼が為にもろもろの陀羅尼蔵を説く。」

次に『守護国界陀羅尼経』第九巻を引いて、

「仏、秘密主に告げてのたまはく、善男子、この陀羅尼は毘盧遮那世尊、色究竟天において、天帝釈およびもろもろの天衆のためにすでに広く宣説したまへり。われ今この菩提樹下金剛道場において、もろもろの国王および汝等がために略してこの陀羅尼門を説く」と。

第三節　十住心の教判

――竪の教判――

私はすでに横の教判に於て、顕密二教の重なる相違点について略述した。いまここにまさしく述べんとする竪の教判は、十住心によって一層具体的に、顕劣密勝の根拠を示さんとするものである。
さて、いう所の十住心とは菩提心の顕現の過程、別言すれば宗教的意識の発達過程をば、十種の形式に分類したもので、この十住心に約して顕の劣り密の勝れたることを組織的に且つ合理的に立証せんとするのが、とりも直さずこれ竪の教判である。すなわち大師は『宝鑰』(2)に依って十住心の内容を解説する前に、まず「心の名は後に明に列ぬ。諷読して迷方を悟れ」とて、十住心の名称を列記し、次の如き簡単なる註釈を施して、その一々の内容を暗示されている。

第一、異生羝羊心《いしょうていようしん》
凡夫狂酔して、わが非を悟らず。
ただし婬食《いんじき》を念《おも》ふこと、かの羝羊のごとし。

第二、愚童持斎心《ぐどうじさいしん》
外の因縁によつて、たちまちに節食を思ふ。
施心萌動《ほうどう》して、穀《こく》の縁に遇ふがごとし。

第三、嬰童無畏心《ようどうむいしん》
外道天に生じて、しばらく蘇息《そそく》を得。
かの嬰児と、犢子《とくし》との母に随ふがごとし。

第四、唯蘊無我心《ゆいうんむがしん》
唯《ただ》し法有を解して、我人みな遮す。
羊車の三蔵、ことごとくこの句に摂す。

第五、抜業因種心《ばつごういんじゅしん》

身を十二に修して、無明種を抜く。
業生すでに除いて、無言に果を得。

第六、他縁大乗心《たえんだいじょうしん》

無縁に悲を起こして、大悲はじめて発《おこ》る。
幻影《げんよう》に心を観じて、唯識境を遮す。

第七、覚心不生心《かくしんふしょうしん》

八不に戯《け》を絶ち、一念に空を観ずれば、
心原空寂にして、無相安楽なり。

第八、如実一道心《にょじついちどうしん》

一如本浄にして、境智倶に融ず。
この心性を知るを、号して遮那《しゃな》といふ。

第九、極無自性心《ごくむじしょうしん》

水は自性なく、風に遇ふてすなはち波だつ。
法界は極《ごく》にあらず、警《いましめ》を蒙《こうむ》つてたちまちに進む。

第十、秘密荘厳心《ひみつしょうごんしん》

顕薬塵《ちり》を払ひ、真言庫《くら》を開く。
秘宝たちまちに陳《ちん》して、万徳すなはち証す。

以下私は主として『宝鑰』に現われたる九顕一密の形式によって、十住心の一々の思想内容を考察していきたいとおもう。

一、異生羝羊心

異生[3]とは異類に生を受けるもの、すなわち凡夫のこと、羝羊とは牡羊のことである。故に第一住心は牡羊の如き凡夫の心を指していうものである。けだし人間生活の最も低級なるものは、ただ食欲と色欲との本能にのみ終始する生活である。しかも本能の生活には何ら精神的生活はない。あるものはただ本能の為の争闘のみである。従って古来、一向に悪を行《ぎょう》じ、微少の善を修せず、と称せられている。とにかく第一住心は、何ら道徳的にも宗教的にも覚醒のない人間生活を指していったものである。[4]

二、愚童持斎心

愚童（bala）は異生と同じく凡夫のことである。持斎[5]とは、飲食、起居、動作等の日常の行為について、反省し自制する心である。いわゆる本能的欲望にのみ満足していたものが、何らかの動機によって自己を徐ろに反省し、ここに人間らしき心を発した世界が、すなわちこの第二住心である。けだし仏教では総じて人間の道として、通常五戒、十善の教えを説いている。五戒とは不殺生、不偸盗、不邪婬、不妄語、不飲酒で、普通に儒教の仁、義、礼、智、信の五常に配当されている。次に十善戒とは、身・口・意の三業の上の戒律でいわゆる身三（不殺生、不偸盗、不邪婬）口四（不妄語、不綺語、不悪口、不両舌）意三（不慳貪、不瞋恚、不邪見）の十種の行為を示したものであって、仏教道徳の規準となっているものである。とにかく第二住心は人間の道徳性に目醒めた境地で、それはまたそのまま宗教的生活への第一歩である。

三、嬰童無畏心

嬰童とは小児のことであるが、ここでは愚童と同じく凡夫のことである。古来、無畏(nirbhaya)をば蘇息（āśvāsa）の義として解釈しているが、両者は同義語である。何ら恐怖なき精神状態を獲得したる位がこの住心である。[6] すなわちかの嬰童が慈母に抱かれて無畏を得る如く、死後天に生ずるという信仰によって、宗教的安心を得たる位がこの第三住心に当るのである。従って第二住心を人乗とすれば、これは天乗というべきである。而して古来以上の三箇の住心をば、特に「世間三箇住心」と称している。

四、唯蘊無我心

唯蘊無我とは他の語でいえば人空《にんぐう》法有《ほうう》ということである。人空とは固定し独立し孤立したる自我を認めざること、無我ということは知っていても、未だ客観的に法の存在を固執する考えが法有である。而して蘊（skandha）とは五蘊のことで、いうまでもなく万物を構成する色と受と想と行と識である。端的にいえば色（物質）と心（精神）とである。原始仏教では、われらの世界は主観、客観共にこの五蘊の結合によって成り立っているというのである。けだし苦集滅道の四諦の教えによって、阿羅漢果を欣求する声聞（śrāvaka）の人は、人空を知れども未だ法空を知らざる故に、第四住心を以て声聞乗に配するのである。(7)

五、抜業因種心

抜業因種とは、人間苦の根本たる惑（moha）と業（karma）の種子を除くことである。元来一切の苦悩の原因が惑と業とにある以上、苦悩を解脱せんとすれば、まず須くその苦の由って来る惑と業とを断除せねばならない。おもうに縁覚（pratyeka-buddha）の人は、十二因縁の順逆両観によって、苦の因種たる惑及び業を除き、以て涅槃の境地に到達するのである。従ってこの第五住心はこの縁覚乗に相当するのである。(8)

六、他縁大乗心

他縁とは無縁と同義語である。絶対の慈悲心を以て、普く一切の衆生を救済せんとする意味で、これがすなわち大乗の根本精神である。けだし第四、第五の住心は、自利すなわち自己の解脱《さとり》が目的であるが、しかしこの第六住心は利他すなわち大衆の救済が理想である。従って大小乗は自利を主とするか、利他を主とするかの生活態度によって、自ら区別されるわけである。而して法相宗を以てこの第六住心に配することは、法相宗は三界唯心を説き、我法二空を主張し、自利利他の菩薩道を高調する大乗教であるが、それはまだいわゆる「入菩薩道の初門」で、四家大乗の中において教理としては一番に浅薄であるから、第六住心にこの唯識宗を配するのである。(9)

七、覚心不生心

心の不生を覚るという意味で、この住心は三論宗に配当されている。いったい心の不生を覚るということは、心の実相を認めるということである。しかも心の実相は、われらの差別的な知識では到底知り得ざるものであると同時に、そうした実相の世界は、われらの言詮思慮を超越せるものである。いわゆる言語道断、心行処滅の境地である。ところで三論宗ではかかる境界を八不の一句を以て表示している。八不とは生滅、去来、一異、断常のいわゆる八迷の否定である。換言せば八不とは一切の相対的な、概念的知識の否定を意味する語である。すなわち三論宗はこの八不の利剣によって、一切の分別の見を遮遣し、無所得空の天地に到達することを理想とするものである。この意味に於て心の不生を覚るということは、とりも直さず無所得空の真理に徹することに外ならないのである。(10)

八、一道無為心

一道無為とは如実一道ともいう。いずれも法爾絶対の真理の世界を意味するものである。すなわち諸法実相を説き、一色一香、中道に非ざるはなし、と説く天台宗がこの住心に配せられる。けだし前の第七住心では、真理の世界は無所得空なりというのみで、その空の内容、すなわちその空がそのまま有なりという、いわゆる真空妙有の原理をば未だ積極的に説いていない。しかるに天台宗では有名なる三諦の思想を以て、この間の消息を巧みに表現しているのである。詳言すれば、由来一切諸法はこれ悉く因縁所生の法である。故に現前の諸法はすべてみな常恒の存在ではない。いわゆる空である。しかも空といっても何物も存在しないというのではなく、やはり依然として存在している。すなわち存在しているがそれはつまり一時的存在に過ぎない。いう所の仮有《けう》である。かくて一切の諸法は有にして空、空にして有としての存在であるから、すなわちこれ中である。かくの如く中道実相の思想に立脚して即空、即仮、即中のいわゆる三諦円融の原理を説くのが、すなわちこれ天台宗の立場である。しかしいま真言密教よりすれば、これもまた入仏道の初門でしかない。

九、極無自性心

大師は第八住心を以て「かくの如き一心は、無明の辺域にして、明の分位にあらず」といわれている。(1)

この極無自性の一句を解釈するに種々なる見方があるが、(12)要するに諸法の本体至極である真如の世界は、自性なく常にあらゆる縁に随って縁起するという意味で、つまり華厳宗の根本教理たる無尽縁起の思想を表わしたものである。由来、第八と第九、すなわち天台と華厳とは、古来大乗哲学の双璧と称せられ、その間、教理的にその優劣浅深を定めることは中々容易ではない。すなわち天台が「具《ぐ》の宗教」として、三諦円融の教理を誇るに対し、華厳は「起《き》の宗教」として、十玄、六相の教理を談じて法界縁起の妙旨を説いているのである。従って仏教哲学としては、殆ど華天両一乗で尽きているわけである。しかるに大師は、華厳が「因分可説、果分不可説」なりというに対して、その果分不可説の境地を開示したるものが密教なりとして、華厳の世界も天台と同様に無明の辺域にして、未だ明の分位にあらずといっているのである。

十、秘密荘厳心

これはまさしく真言密教を表わしたものである。ところでこの秘密荘厳《ひみつしょうごん》の解釈については異説があるが、(13)つまり秘密荘厳とは、われらが何人にも先天的に心内に具有している曼荼羅（maṇḍala）を指すもので、すなわちそれは通仏教の仏性または菩提心の内面的意義を象徴したるものといってよい。おもうに大師が『宝鑰』の開巻に於て「顕薬塵を払ひ、真言庫《くら》を開く」といっていられる如く、九種の住心たる顕教は、ただ塵を払うに過ぎない。哲学はいかに深遠なりといえども、やはり哲学は哲学である。理論の哲学は畢竟ただ塵を払うに止まる。宗教の生命はむしろ歩むところにある以上、理論の哲学は必ずや宗教の実践によって親しく具現されてゆかねばならない。「真言庫を開く」というのは、まさしくそうした境地を指したものである。けだし真言宗が哲学的には、「即事而真」の旗印を掲げ、更に宗教的には「即身成仏」を標語として三密の妙行を教え、あくまで哲学の宗教化につとめ、更に宗教的生命の体験に最終の価値を認めたることは、密教が教相の研究の一面に於て、事相の研究の必要を高調し力説することによっても十分に知られるのである。いわゆる「秘宝忽に陳して、万徳すなわち証す」といった世界は、ただ真言における宗教的実践によってのみ初めて可能であることを教えたものである。

以上、私は主として『二教論』『宝鑰』によって、真言教判の二種の体系たる「顕密二教の教判」ならびに「十住心の教判」の梗概について説明した。これを要するに、横の教判といい、竪の教判といい、それはいずれも顕密二教の対弁によって、顕劣密勝の立場をあくまでハッキリと証拠立てんとするものである。すなわち横の教判では、顕教を一まとめにしてこれを論じ、四家大乗が各々自宗の至極とせる教理をとり来って、一々これを批判してその絶対的価値を否定し、かくて顕教は浅略にして応化仏たる釈迦の説、密教は深秘にして法身たる大日の説なることを立証せられている。次に竪の教判においては、更に心品転昇の十住心に約して、一層詳細に具体的に且つ組織的に、浅深の次第を追うて、すなわち前劣後勝の順序に随って、単に仏教のみならず広く一切内外の教学を批判の俎上に上せて、最後に最も合理的に真言密教の独自的価値を光闡されているのである。けだし次の一句こそこの間の消息を物語って余蘊なしというべきであろう。

「九種の住心は自性なし、転深転妙にしてみなこれ因なり。真言密教は法身の説、秘密金剛は最勝の真なり」(『秘蔵宝鑰』巻下)。

ちなみに最後に一言すべきことは、真言密教以後に興起した諸宗派についてである。端的にいえばわが国平安朝以後に成立したる、禅、浄土、日蓮等の諸宗をば、いかに密教は見るかということである。いうまでもなく大師の横竪の教判は、いずれもわが国でいうならば奈良、平安時代の仏教に対する批判であって、それ以後に興起した諸宗派についての批判ではない。ところでいま密教はこれらの諸宗を、どういう風に批判するかというに、真言宗の立場よりせば無論顕教である。しかもたとえ顕教としても、これを十住心のいずれに配当するかとなると、非常にむずかしい問題になって来る。なんとなればこれらの諸宗派は法相、三論、天台、華厳のいわゆる四家大乗と、もとより同一の談ではない。従って六、七、八、九住心のいずれでもないわけである。しかしそのいずれでもないとしても、それらの諸宗派の教学的基礎は、悉く四家大乗にある以上、そのいずれかにあるといっても過言ではない。要するに私どもを以てするならば、仏教の教理は結局、華天両一乗ならびに真言に尽きているとおもう。而していまかりに仏教哲学をば、実相論と縁起論の二大系統に分つならば、三論、天台は前者に属し、法相、華厳は後者に属する。しかもこの縁起実相の一大教理を、巧みに止揚したるものが弘法大師によって開かれたる真言密教である以上、真言宗の綱格をなせる金胎両部の思想内容を検覈していけば、そこにはいわゆる四家大乗が止揚的契機となって高次的に綜合され、統一されているのである。この意味においてたとえ平安以後の既成宗教が、十住心の教判のいずれかに摂属されないとしても、これによってこの十住心の教判の価値までも疑うということはできまい。哲学的にいえばこの十住心の教判で十分なのである。ただ今日われら密教徒として注意すべきことは、単に祖師の歩まれた道を歩むのではなく、大師が力強くもわれらに教えられたように、祖師の歩まれんとした道を歩まねばならぬことである。故にわれらは十住心の教判の思想を十分に哲学することによって、すなわち字相に拘泥せず、進んで字義を考察することによって、あくまでその精神を活かしていかねばならぬ。この意味において現在活きている既成宗教に対する新しい一個の教判が当然生まれてもよいはずである。しかもそれが本当に大師の教判の真精神を文字通り生かすことであるとおもう。

註

（1）十住心の教判は、大師が『大日経』住心品、『大日経疏』『菩提心論』等によって創作されたる真言独自の教判であるが、この十住心の内容を解釈するについて古来種々なる異説がある。

例えば宥快の『十住心義林』十三丁には総別十種の解釈を挙げている。

一、相説十住心
二、旨陳十住心
三、相説旨陳合論十住心
四、機根契当十住心
五、心続生十住心
六、唐密十住心
- 約㆓漸次真言行者㆒十住心
- 約㆓直往真言行者㆒浅略門十住心
- 約㆓直往真言行者㆒深秘門十住心

七、顕密合論十住心

八、唯顕十住心

次にまた『宝鑰快鈔』上一、四丁には横竪に約して四種の解釈法を挙げている。図示せば左の如し。

一、顕密合論十住心―唯差別観―竪―┐
二、心続生十住心―差別的平等観―横―┘竪―浅略門

三、五種三昧道十住心―平等的差別観―竪―┐
四、普門万徳十住心―唯平等観―横―┘横―深秘門

試みにいまいうところの四種の解釈について一応説明しておきたい。

第一、顕密合論の十住心とは、九顕一密の見方で十住心の中、前九の住心は顕教、第十の住心を密教とするものである。『宝鑰』に表われたる竪の教判は、まさしくこの見方によるものである。図示せば左の如し。

第一住心―一向行悪┐
第二住心―人　乗　├―世間三ヶ住心┐
第三住心―天　乗　┘　　　　　　│
第四住心―声聞乗┐　　　　　　　├―顕　教
第五住心―縁覚乗┘―小　乗（二　乗）

第六住心——唯　識 ┐
第七住心——三　論 ┘—権大乗（三乗）
第八住心——天　台 ┐
第九住心——華　厳 ┘—実大乗（一乗）
第十住心——真　言——仏　乗——密　教

『宝鑰』巻下にいう

『九種の住心は自性なし、転深転妙にしてみなこれ因なり』とは、この二句は、前の所説の九種の心はみな至極の仏果にあらずと遮す。九種といっぱ、異生羝羊心・乃至・極無自性心これなり。中について初の一は、凡夫の一向悪行を行じて微少の善をも修せざるを挙ぐ。つぎの一は、人乗を顕はし、つぎの一は、天乗を表はす。すなはちこれ外道なり。下《しも》、下界を厭《いと》ひ、上、生天を欣《ねご》ふて、解脱を願楽《がんぎょう》すれども、ついに地獄に堕す。已上の三心はみなこれ世間の心なり、未だ出世と名づけず。第四の唯蘊《ゆいうん》已後は聖果を得と名づく。出世の心の中に唯蘊・抜業はこれ小乗教、他縁以後は大乗の心なり。大乗において前の二は菩薩乗、後の二は仏乗なり。かくのごときの乗々は、自乗に仏の名を得れども後に望むれば戯論《けろん》となる。前々はみな不住なり。故に無自性と名づく。後々は悉く果にあらず。故にみなこれ因といふ。転々相望するに、各々に深妙なり。故に深妙といふ。

『真言密教は法身の説』とは、この一句は真言の教主を顕はす。（中略）『秘密金剛は最勝の真なり』

とは、この一句は、真言乗教の、諸乗に超えて究竟真実なることを示す。」

第二、心続生十住心とは、これをまた九顕十密の十住心ともいい『十住心論』に表われるのである。すなわち真言行人の心品すなわち宗教意識が次第に転昇して、最後に真言の境界に到達する過程を十種の形式に分ったもので、従ってこれは前九の住心いずれも密教を離れてはなく、密教の中へ前九の住心が全部悉く包擁されてしまうのである。すなわち前九は顕教に当り、密教は全十に通ずるわけである。

第三、五種三昧道の十住心とは、またこれを秘密曼荼羅の十住心ともいっている。すなわち十住心をばそのまま世間、声聞、縁覚、菩薩、仏の五種の三昧道として見るもので、これはもと『大日経』具縁品に表われたる五種の三昧によって十住心を解釈したものである。

第四、普門万徳の十住心とは、十住心をば大日如来の万徳を現わせるものとして見る見方である。すなわち『十住心論』第三に「もし真言の実義を解すれば、すなはちもしは天もしは人、もしは鬼畜等の法門はみなこれ秘密仏乗なり。」というが如きは、この第四の見方を示せるものである。

（2）古来『秘蔵宝鑰』三巻を略論とし、『秘密曼荼羅十住心論』十巻を広論と称している。いま両論の関係について一言せんに、広論はかの有名な天長勅撰の随一で、大師が天長九年五十七歳の御時、淳和帝の勅によって撰述したものであるが、略論は「我、今、詔を蒙って十住を撰す」とて、その後、勅命によって『十住心論』を要約し、三巻として献上せられたものが『宝鑰』である。かの道範の『問談鈔』にも、初め『十住心論』十巻を製して献上されたが、後、更に勅命によって改めて三巻の略論を撰述せられた旨を述べている。而して広略二論は単に具略の相違というだけではなく、前にも述べた様に、略論は九顕一密の建立であるに対し、広論は九顕十密の法相である。次にまた広論は主として胎蔵の法門により一々の住心の下に浅略深秘の二釈を設けてある。これに対して略論は主として金剛界の法門により、一々の住心の下に浅深の二釈がない等の相違もあるが、要するに教判としては『宝鑰』の方が、ハッキリしているわけであるから、古来真言一家では主として略論たる『宝鑰』を依用している、すなわち『宝鑰』は上中下の三巻より成っているが、上巻では世間三箇の住心たる一、二、三の住心が説かれ、中巻では四、五の住心が説かれ、下巻では六、七、八、九、十の五箇の住心が説かれている。

ちなみに、この広略二論について、天台の安然はその著『教時問答』第二、廿一丁に於て、次の如き五失を挙げている。すなわちいう所の五失とは、

一、『大日経』及び『義釈』に違する失。二、『金剛頂経』に違する失。三、『守護経』に違する失。四、『菩提心論』に違する失。五、衆師の説に違する失。

これに対して、東密一家に於てもいろいろな反駁説があるが、近く信証の『大日経干栗多鈔』等をみるべきである。

(3) 梵語の prthagjana は旧訳では凡夫といい、新訳では異生という。故に異生とは凡夫のことである。

(4) 「無始生死の愚童凡夫は、我名我有に執着して、無量の我分を分別する、なほし愚童凡夫の類は羝羊の如し」(『大日経』住心品)。

「凡夫は名聞利養資生の具に執着し、恣に三毒五慾を行ず」（『菩提心論』）。

(5) 持斎とは斎（upoṣdha）を持することで、詳しくは節食持斎という。これについて『住心品』には、「ある時には一法の想生ずることあり。いはゆる持斎なり。――復たこれを以て因として六斎日に於て父母男女親戚に施与す」とて、この持斎の意味を表わしている。而してまた『住心品』には、人間の宗教心が次第に増長する過程を、草木の種子の成長に喩えて、八心の思想が説かれてある。八心とは種、牙、疱、葉、敷華、結実、受用、無畏であるが、この中、種子より結実までの六心は第二住心の説明と見るべきである。

(6) 「彼れ戒を守りて天に生ずるは、これ第七の受用種子なり――乃至第八の嬰童心と名づく」（『住心品』）。「諸の外道等は乃至天に生ずるを究竟となす」（『菩提心論』）。

(7) 「唯蘊無我を解し、根境界に淹留修行し」（『住心品』）。

(8) 「業煩悩の株杌と無明の種子の十二因縁を生ずるを抜く」云々（『住心品』）。

(9) 「大乗の行あり。無縁乗の心を発して、法に我性なし」（『住心品』）。「また衆生ありて菩薩の行を行ず」（『菩提心論』）。

(10) 「かくの如く無我を捨つれば、心主自在にして自心の本不生を覚る」（『住心品』）。「心の本不生を悟れば、心体自如にして身心を見ず」（『菩提心論』）。

(11) 「云何《いかん》が菩提とならば、いはく実の如く自心を知る。空性は根境を離れ、無相無境界にして、諸の戯論を越えたり」（『住心品』）。

この『住心品』の意によって第八住心をば、空性無境心《くうしょうむきょうしん》とも、如実知自心ともいう。

(12) この極無自性を解するに二つの見方がある。一は極めて自性なしとよみ、一は極は自性なしとよむ。いずれも第九住心の立場を示したのではあるが、前者の立場より見れば、一切諸法はみな無自性にして空、互いに縁起的関係をなしているという意味で、これは端的に華厳の教理を表現している。次に第二の立場よりすれば、極は第八住心を指すもので、天台の人々が自宗を以て仏教の極致なりと考えていたものが、ひとたび仏陀の驚覚を蒙って、密教の教理に目醒めたる時には、極は自性なしと知って向上進修するに至る。而してこの時は第八より第十に至る中間の位（心品）を名づけて、第九住心たる華厳に配したるものである。なお第九住心について、『住心品』に次の如くいう。

「有為無為界を離れ、諸の造作を離れ、眼耳鼻舌身意を離れて、極無自性心を生ず」と。

(13) 仏陀自覚の内証は、身口意の三秘密によって荘厳せられていると見てもよいし、また梵語の曼荼羅(maṇḍala)をば秘密荘厳の意に解し、心内の曼荼羅を開顕すると解してもよいが、いずれにしてもわれら凡夫はそのまま金胎両部の曼荼羅の当体なるが故に、この原理を親しく如実に体験することが、真言密教の本質だという意味を示したものである。しかもこれはただ法身の説法たる密教によってのみ初めて可能であるから、大師は『宝鑰』下巻において「真言庫を開く」といわれたのである。

第三章　教理論

第一節　序説

私はすでに教判論に於て、わが真言密教がいかなる位置を占めているかという問題、すなわち仏教学に於ける真言密教の立場を説明した。で、順序として私はここに、真言密教がいかなる思想内容をもてる宗教なるか。またいかなる哲学的基礎の上に立てる宗教なるかを述べなければならぬ。けだしわが仏教学の中心観念となっているものは、実に法（dharma）[1]の思想である。特に大乗仏教はまさしくこの法の観念を基調として開展したものであるから、その法の思想を十分に理解しないと、到底大乗仏教の教理を知ることはできないのである。果してしからば、法とはいったいいかなる意味と内容をもったものか。おもうに古来、これに対して最も合理的なそして明快なる解答を与えたものは、実にかの馬鳴（Aśvaghoṣa）であろう。すなわち彼はその著『起信論』の巻頭に於て、「法あり能く摩訶衍《まかえん》の信根を起こす」とて、まさしく仏教の当為として法を説き、その法の内容を説明して大乗すなわち摩訶衍（Mahāyāna）といい、更に衆生心を以て大乗の本体なりと喝破している。(2) 而していう所の衆生心とは衆生の一心で、つまりわれらが何人ももつ現実の心である。いわゆる凡夫の一心である。しかも迷えるわれらにおいては衆生心と称するがその迷妄を払えばそのまま仏陀の真心である。あるもの（存在）としての心は、あるべきもの（当為）としての心である。故にそれはまた真如心といっても、如来蔵心といってもよいわけである。かかる意味に於て大乗の本質は法であり、法はまた真如である。従ってこの真如の体験こそ、とりも直さず仏教の真の目的である。しかもここにわれらがほんとうに考えねばならぬ幾多の問題が示唆されているのである。

ところでいま真言密教の教理を説明する前に、いま一往考究しておかねばならぬことは、『起信論』が大乗の本体たる真如を説明するその方法である。すなわち馬鳴は法すなわち真如をば、体。（本体）と相。（現象）と用。（作用）との三方面から説明していることである。換言すれば真如の本体と、真如の相状と、真如の作用とを、体、相、用の三大を以て解説していることである。元来、大とは周遍の義で、真如は法界に周遍して到らざるなきが故に、三大によって、真如の内容を説明したものである。

おもうにわが弘法大師によって組織され集大成された、密教教理の体系たる三大説の根拠は、かの「六大無碍常瑜伽」云々の有名なる二頌八句のいわゆる八祖相承の頌文[3]にあるといわれている。しかし種々なる点よりしてこれは大師の創見とみるべきであるが、その三大説の思想的背景と考えられるものは恐らく『釈摩訶衍論[4]』だとおもわれるのである。いうまでもなく『釈論』十巻は、龍猛が秘密眼を以て馬鳴の『起信論』を註釈せられたものであって、同論には諸法の本体たる不二摩訶衍を説明して、衆生の一心といい、この一心をば体、相、用の三方面より解説しているのである。この意味に於て大師の三大思想の根拠はまさしく『釈論』にあるのであって、その『釈論』の三大説に立脚して、大師が初めて六大、四曼、三密の三大円融論を組織されたとみるべきが妥当である。しかも更に一歩進んでその思想的源泉を尋ねてゆけば、勢い『起信論』の思想内容にまで及ぶわけであるが、いずれにしても真言密教の教理の綱格は、まさしくこの六大、四曼、三密の三大思想である。すなわち大師の哲学的体系は、立派にこの三大の教理によって完成されているのである。故に私は項を改めてこの三大論によって密教哲学の根本問題を考察していきたいとおもう。

註

（1）　梵語の達磨（dharma）は、dhṛ（保つまたは持つ）という語根より来た言葉で、保って変らざるもの、という意味の語である。而してこの語については左の如き四種の意味が考えられる。

一、法則または秩序、二、存在または対象、三、教理または教訓、四、真如または真理。而して法の本質的意味は第四の意味で、『起信論』の「法あり、能く摩訶衍の信根を起こす」といった場合の法とは、実にこの第四の意味における法で、これがまた大乗仏教の中心観念となっているのである。なお仏身論における法身（dharma-kāya）の思想も、つまりこの法の人格化である。詳しくは仏身論を参照せよ。

（2）『起信論』については、今日学界では相当に問題となっている。印度撰述か中国撰述か、印度撰述としても作者は馬鳴でないとかいう様な、種々なる議論がある。しかしいま自分は暫く龍樹以前に出世した、すなわち一般には仏滅後六百年に出世した馬鳴の作として取扱っておく。とにかく『起信論』は最も組織立った大乗仏教概論で、同論が後世興起した大乗運動に与えた影響はけだし甚大なるものである。

（3）八祖相承の秘文とは、次の二頌八句で、『即身成仏義』には即身成仏の四字を歎ずるものとして掲げられている。

六大無礙にして常に瑜伽なり、体　　四種曼荼各々離れず、相
三密加持すれば速疾に顕はる、用　　重々帝網《じゅうじゅうたいもう》なるを即身と名づく。無礙
法然《ほうねん》に薩《さ》般若《はんにゃ》を具足して、　　心数《しんじゅ》心王刹塵に過ぎたり、
各々五智無際智を具す、　　円鏡力の故に実覚智なり。成仏

しかるにこの頌文について古来、恵果の作とする説と、大師の作とする説との二説がある。加藤精神

著『大日如来の研究』には第一説についてまず教相の方面より証拠としては、一、『異本即身義』に「唐阿闍梨即身成仏頌」という故に、二、安然の『菩提心義』に高野和尚帰朝の時、青龍寺より送る云々という故に、との二由を挙げ、更に事相の方面より三宝院勝覚の口訣によって八祖相承の秘文なることを示している。次に第二説については次の三由が挙げてある。

一、『即身義』と『大日経開題』のみに出ずるが故に。

二、興教大師の『即身義章』に「かくの如きの義を明かさんが為に、阿闍梨、二頌を作っていはく。」とある故に。

三、大師作の『理観啓白文』にこの頌に似たる文あるが故に、すなわちいう。

「六大無礙にして常に瑜伽なるが故に、塵数の眷属は無来にして来り、海滴の分身は不摂にして摂したまへ」と。

要するにこの二頌八句は、恐らく大師が列祖の意を汲んで、真言の奥義を端的に大胆に表白せられたものとみる方が妥当であるとおもう。

（4）普通に略して『釈論』といっている。龍猛が秘密眼を以て『起信論』を解釈したものとして、古来真言宗では極めて重視している。もっとも『釈論』十巻が、果して龍猛の真撰なるや否やの問題は、すでに大師請来の当時に於て、台密系統の人たちから非難されているのであるが、そうした問題は暫く措き、いまは『起信論』の註釈書としての龍樹の真撰なりとしておきたい。而してこの『釈論』には諸法の根源として不二摩訶衍を説き、この摩訶衍をば衆生の一心といい、更に一心の内容をば体、相、用の三大を以て説明している。すなわち大師はこの『釈論』の示唆によって、両部大経を十分に哲学して、ここに六大縁起の一大体系を組織されたものである。

第二節　六大体大論

一

すでに述べたように大乗教学では、一般に法と同義語たる真如（tathatā）を以て、宇宙の本体とし万有の原理とし、これによってすべてを哲学的に且つ宗教的に解釈してゆくのである。すなわち真如は唯一絶対の実在で、あらゆる現象は悉くこの真如の顕現したものだとして、ここにいわゆる現象即実在論を主張するのである。しかるに一歩進んで、その現象即実在論の内容に立ち入りて考えるに、その説明はどこまでもいわゆる心本色末であり、理勝事劣の感があるのである。換言せば物よりも心、事（現象）よりも理（実在）が主である。次にまた唯一の実在たる真如の説明に於ても、いかにもそれは抽象的な観念的な色彩が濃厚なのである。ここに於てか大師は真如の内面的考察よりして、従来の遮情一辺に堕する嫌いのあった真如をば、より積極的に且つ具体的にこれを説明せんとせられたのである。けだしここにいう所の六大説は、真言密教の教学的旗幟たる当相即《とうそうそく》道《どう》、即事《そくじ》而《に》真《しん》の原理を、最も合理的に且つ組織的に説明したるもので、現象を離れて実在なく、事の外に理はなく、あるものはあるべきものであり、存在の当体そのままが当為であることを力強くも主張するものである。かるが故に真言密教では六大の当体を離れて外に真如というが如き抽象的原理を立てず、具体的なしかも活動的なる六大を以て、そのまま宇宙の本体とし、万有の原理とするのである。この意味においてわが真言密教は、理の宗教ではなくて事の宗教である。当為《ゾルレン》を中心とする理想の宗教ではなくて、存在《ザイン》を中心とする現実の宗教であるというべきである。

さていうところの六大(1)とは、地、水、火、風、空、識である。

すなわち前五大は色、識大は心である。故に六大とは物質と精神、色と心との二元に還元されるわけである。おもうに宇宙の本体は、物か心か、物質であるか、精神であるかという問題は、古来しばしばくり返されている論争である。すなわちかの哲学上の唯物論は物を中心とし、唯心論は心を中心とするのである。しかし実在（Realität）は、唯物でもなければ唯心でもない。少くとも実在の真相は、物と心との渾融せるものである。いわゆる色心の渾然と一致している相が、そのまま実在そのものの本然の相である。いまこれを六大についていうならば、前五大（色）と識大（心）との関係である。五大の色を離れて、識大の心はないと同時に、また識大を離れて五大の色もない。両者は不離不即であり、二にして一である。けだしこの二にして一、一にして二なる六大の活動的事実を以て、そのまま宇宙の実在、万有の本体として見てゆくのが、とりも直さずわが真言密教の根本的立場である。

二

さていま六大の思想内容を研究する前に一応注意しておかねばならぬことは、顕教[2]における六大説と、密教における六大説との相違である。改めて申すまでもなく六大の思想は決して密教独自の思想ではない。かの地、水、火、風の四元素説すなわち四大説がつとに古代ギリシャの哲学界に於て提唱された如く、古代印度の哲学界においても世界観として早くも四大説、或いは五大説或いは六大説が主張されていたのである。従って六大説は六界または六法の名の下に、既に原始仏教以来盛んに説かれていたものである。ところがその顕教の六大説なるものは、多くはいわゆる現象論的元素説であって、本体論的実在説ではない。すなわち存在《アルモノ》としての六大で、当為《アルベキモノ》としての六大ではない。生滅変化の現象としての六大で、常住不変の実在としての六大ではない。これに対して密教の六大説は、元素としての六大ではなくて、実在としての六大である。端的にいえば実在の象徴であり、本体の具体的内容である。おもうに弘法大師はかの善無畏が主として『大日経』によって、阿字体大説を主張するに対し、一歩進んで『大日経』『金剛頂経』の両部大経に立脚して、顕教の諸経論に現われたる六大説を止揚し、ここに六大体大説を建設されたのである。この意味に於て、いわゆる六大体大説は、密教の六大説の特徴であって[3]、大師の密教と大師以前の密教、また、台密と東密との教理的相違は、実にこの阿字体大説と六大体大説との相違であるということができるのである。以下われらは六大体大説を基調として六大の思想内容を考察していきたいとおもう。

さて六大についてまず注意すべきことは、法爾の六大と、随縁の六大ということである。法爾の六大とは実在としての六大である。随縁の六大とは、現象としての六大である。一は常住不変の本体としての六大である。一は生滅変化の現象としての六大である。いま試みに汎神論(Pantheismus)の代表者たるスピノーザ（Spinoza 1632—1677）の語を借りていえば、法爾の六大は能産自然であり、随縁の六大は所産自然であるといえよう。而して彼によれば前者は神を万有の根源として観たる自然であり、後者は神の結果としてみたる自然である。しかも彼に従えば神即自然（Deus sive natura）であるから、自然に能所ありというも、それはつまり同一自然を二方面からみたるもので、事実、能所を超越したる能所であるわけである。かくの如く密教に於ても、法爾の六大は実在としての六大で、これを能造の六大といい、随縁の六大は現象としての六大でこれを所造の六大といっているが、ちょうどスピノーザの場合と同じく一応はかくの如く六大を分ちて、法爾と随縁、能造と所造とするが、しかしそれは大師が『即身義』で「能所の二生ありといへども、すべて能所を絶せり。法爾の道理に何の造作かあらん。」といわれた如く、それはさながら月と月の光との関係の如く、能所といっても能所を超越した能所で、そこには決して本末始終の区別はない。すなわち法爾の当体がそのまま随縁であり、随縁の当体がそのまま法爾であるわけである。従ってまた法爾の六大を離れて随縁の六大なく、随縁の六大を離れて法爾の六大もない。けだしこれは原始仏教以来の六大説が止揚的契機となって、真言の六大体大説の裡に摂取されているのであるから、こうした論理が成立することはむしろ当然のことである。

次にわれらはいわゆる六大とはいかなる性質と内容をもてるかについて、進んで考察の歩を進めていきたいとおもう。便宜上その内容を図示しておく。

	地	水	火	風	空	識
性徳	堅	湿	熯	動	無碍	了別
業用	持	摂	熟	長養	不障	決断
形色	方	円	三角	半月	団	円種々色
顕色	黄	白	赤	黒	青	白種々色
種子	阿 a 𑖀	縛 va 𑖪	羅 ra 𑖨	訶 ha 𑖮	佉 kha 𑖏	吽 hūṃ 𑖮𑖳𑖽
字義	本不生	離言説	無垢塵	離因縁	等虚空	了義不可得

右の図によって、六大がいかなる性質と内容とをもてるものであるかということは、ほぼ理解せられるのであるが、いま一応六大の一々について簡単なる解釈を試みておきたい。

一、地大とは、地はその性質堅固不動にして、万物を止住せしめ、またよく万物を保持する作用がある。従って形に表わせば方形、色彩にて示せば黄色が配せられる。次に𑖀（阿）字を地大に配することは地は万物能生の根源であるから、不生の義を表わす anutpāda の頭字たる a（阿）すなわち本不生の阿（a）字を以てこれを象徴するのである。

二、水大とは、水はその性質湿潤にして、よく万物を摂受する作用がある。形に表わせば円形、色彩にて示せば白色がこれに当る。次に𑖪（縛）字を水大に配することは、水はよく万物に浸透して、容易にその形を窮むることができないから、言説の義を表わす vāc の頭字たる va（縛）、すなわち離言説《りごんぜつ》の縛（va）字を以て水大を象徴するのである。

三、火大とは、火はその性質暖性にして、よく万物を成熟せしむる作用がある。故に形に表わせば三角、色にて示せば赤色である。次に𑖨（羅）字を以て火大に配することは、火はよくものを成熟せしめると共に、また万物を焼尽して清浄ならしめる作用がある。故に塵垢を表わす rajas の頭字たる ra（羅）字すなわち無垢塵《むくじん》の羅（ra）字を以て火大を象徴するのである。

四、風大とは、風はその性質動性にして、よく万物を長養せしむる作用がある。故に形にて表わせば半月形（不動の方と動の円との交わりたるもの）、色にて示せば黒色（不変にしてしかも一切の色を包容する）。次に𑖮（訶）字を以て風大に配することは、風は動転自在にして、またよく万物長養の作用があるから、因縁を表わす hetu または移動を表わす hara の頭字たる ha（訶）字すなわち離因縁の訶（ha）字を以て、風大の象徴とするのである。

五、空大とは、空はその性徳は無礙《むげ》にして一切を包擁し、不障の作用をなす。故に形に表わせば方円不二の形たる団形（宝珠形）、色にて示せば青色である。次に𑖏（佉）字を以て空大に配することは、空は虚空の無差別平等にして、無礙渉入の徳あるにより、虚空の義を有する kha（佉）字を以て空大の象徴とするのである。

六、識大とは、識は了知の性質を有し、決断または判断の作用がある。故に形に表わせば種々の形、色で示せば種々の色が配当できる。しかしいまは暫く円形と白色とを以て代表せしめるのである。次に𑖮𑖳𑖽（吽）字を識大に配することは、識はよく煩悩の障礙を摧破する作用があるから、摧破または覚了の義のある吽（hūṃ）字を以て識大を象徴したるものである。[4]

以上は六大に対する一応の解説であるが、この六大の説明に関して一個の問題がある。それは六大の意味内容たる属性についての問題である。これについて古来二種の異説がある。すなわちその一は、法爾の六大には、ただ性の六徳のみあって、他の属性は随縁の六大に於てあるという説である。次に他の一は、法爾の六大の上に歴然として性の六徳を始め、他の一切の属性は悉く具有せられているというのである。古来前者を一具説（新義派の説）といい、後者を多具説（古義派の説）といっている。[5] 而してここに一具、多具の二説ありというも、両者はつまり各拠《かくこ》一義《いちぎ》である。なんとなれば、もし一具説を説かないときは、四曼に一切の相状を摂する道理が十分に表われない。また多具説を説かざるときには、六大に一切の万法を摂するという意味が表われないからである。故に密教本来の立場は、顕密対弁の麁《そ》論門《ろんもん》に約する時には多具を採るべく、これに対して密々対弁の細《さい》論門《ろんもん》に約する場合には、一具説をとるべきであろうとおもう。

三

以上六大のもてる意味内容について大体これを説明し終ったのであるが、更に進んで六大は互いにいかなる交渉をもつか、すなわち六大の相互関係について一瞥したいとおもう。

さて六大は相互にいかなる関係交渉があるかというに、一言にしていえば、「六大無礙常瑜伽」である。[6] すなわち六大は互いに彼此渉入し、無尽円融の関係に於てあるのである。従って古来、六大無礙の意味をば、次の如き二つの形式によって説明している。すなわち一は異類無礙、二は同類無礙である。まずいう所の異類無礙とは、六大の中、例えば、地大と火大、水大と風大等の異類のものが、互いに無礙渉入する意味である。次に同類無礙とは、甲の地大と乙の地大、仏の火大と衆生の火大、すなわち甲と乙、仏と衆生との間に於ける同類のものが、互いに無礙渉入するのをいうのである。

なおこの無礙の思想にちなみて考えておかねばならぬことは、互具《ごぐ》と各具《かくぐ》という問題である。もちろんこの問題も、すでに述べた二種の無礙の形式を思索することによって、自然に理解されることであるが、いわゆる互具とは、六大互に融通し無礙するが故に、一を主とすれば他は伴となり、他を主とすれば一は伴となり、体用共に相即し相入するという意味であって、これすなわち一多の無尽円融を示したものである。次に各具とは六大各々無礙し渉入するといえども、各自その自性を守りて、それぞれその性質を失わぬという意味である。かるが故に互具の思想は万有の普遍性(Universalität)を示し、各具の思想は万有の特殊性(Spezialität)を表わしたるものというべきである。しかも普遍と特殊との関係は平行の二線ではない。特殊即普遍であり、普遍即特殊である。譬えていえば万物はあたかも一本の樹木の如きものである。いうまでもなく一本の樹は枝、葉、幹、根といった部分の集合によって構成されている。しかし樹木は単なるそれらの部分の集りではない。すなわち樹全体としての一個の統一があるによって、樹としての生命があり、部分としての価値があるわけである。かくて樹木は、その部分の対立(各具)と統一(互具)との上に成長するが如く、一切万有もまたこれと同じく、六大相互の対立と統一とによって生命ある活動が行われているのである。けだし以上の原理に立脚して、宇宙をそのまま縁起の一大体系と見做し、一切の事物に永遠なる生命と価値とを認めていくものが、とりも直さず真言における六大縁起の根本思想である。

最後にこの六大体大説に関して一言すべきことは六大法身の思想である。もっともこの「六大法身」という名称は興教大師によって初めて用いられたものではあるが、(7)元来わが密教ではこの六大を単に法と見ずして、人と法との一致したる法身として眺むるのである。勿論この事は六大体大説の必然の帰結として何人にも容易に理解し得られる問題であって、六大をそのまま法身として見ることは、既に弘法大師の著作中に到る処に表われている考えである。とりわけ次に掲げる『即身義』並びに『声字義』における左の一文は、その最も権威ある文証として古来屢次《るじ》引用せられるものである。

「仏、六大を説いて法界体性となしたもう。もろもろの顕教の中には四大等をもつて非情となし、密教にはすなはちこれを説いて如来の三摩耶身となす」(『即身成仏義』)。

「初に五大といつぱ、一に地大、二に水大、三に火大、四に風大、五に空大なり。この五大は顕密の二義を具す。顕の五大とは常の釈のごとし。密の五大といつぱ、五字五仏および海会の諸尊これなり」(『声字実相義』)。

これによってみるに大師の立場よりすれば、五大といい六大といい、それは決して単なる存在としての法ではないのである。それは如来の三摩耶身としての五大であり、六大である。六塵の境界悉くがみなこれ法身の標幟《ひょうし》であり、象徴である。詳言すれば、客観的実在たる前五大は、そのまま理法身の象徴であり、主観的実在なる識大はそのまま智法身の標幟である。故に宇宙一切の万有は、精神的たると物質的たるとを問わず、意味なき単なる無内容なる存在ではない。すなわち物質的存在たる前五大は胎蔵界曼荼羅である。精神的存在たる識大は金剛界曼荼羅である。かくて大にしては宇宙、小にしてはわれら個人、それはそのまま金胎両部の曼荼羅であると同時に、理智不二の法身大日如来なのである。この意味において、「六塵悉く文字」の故に、前述の如く黄白赤黒青の顕色は、やがてこれ五仏の色であり、方円三角半月団形の形色は、そのまま五仏の形である。次にまた識大を表わす九識(8)は、そのまま五智の如来となるわけで、ここに、かの有名なる「五輪塔婆」の思想(9)が確立されるのである。

いうまでもなくこの五輪塔婆は、実に六大の標幟《ひょうし》であり、六大法身の如実な象徴である。すなわち表面の𑖏（佉）𑖮（訶）𑖨（羅）𑖪（縛）𑖀（阿）の五字は、五大の種子であるから、胎蔵界の標幟であり、理法身の象徴である。次に裏面の𑖪𑖽（鑁）字は金剛界の標幟にして、智法身の象徴である。故に五輪塔婆はそのまま法界身であり、六大法身の完全なる象徴というべきである。かくてあるものとしての六大は、あるべきものとしての六大となり、更にあるべきものとしての法は、あるものとしての人と結合して、ここに哲学的原理は宗教的実在と一致し、いわゆる人法不二の大日法身として、六大思想はその最後の発達をなしたるものである。けだしその初め素朴な科学的元素として説かれた六大は、わが密教哲学に止揚されて、ここに哲学的原理としての六大となり、更に一転して宗教的実在として六大法身の型をとるに至ったことは、まことに興味ふかきことといわねばならぬ。

註

(1) 六大とは梵語のシャッド・マハーブフータ (Ṣaḍ·mahābhūta) で、六大種または六大原素と訳さるべきものである。すなわちマハーは大、ブフータは種とか、元素とかいう意義をもった語である。

(2) 顕教の諸経論に現われたる六大は、主として現象論的立場から見た元素としての六大で、密教の如き本体論的実在としての六大ではない。いま試みに参考の為、六大を説ける顕教の諸経論を挙げれば左の如し。

(A) 小乗教に属するもの。

『中阿含経』巻三、同経巻四二、同経巻四七、『増一阿含経』巻二九、『正法念経』巻三、『萍沙王五願経』『法蘊足論』巻九、『集異門足論』巻一五、『婆娑論』巻七五、『倶舎論』巻一。

（B）唯識教系に属するもの。

『瑜伽論』巻二七、『同論』巻五六、『成唯識論』巻七。

（C）三論教系に属するもの。

『仁王経』巻上、『大般若経』巻一二九、『同経』巻三七三、『智度論』巻三三、『同論』巻四一、『般若燈論』巻四、『中論』巻二。

右の中、原始小乗教の六大説の特徴は、いわゆる六界説で、かのギリシャ哲学においてエムペドクレス(Empedokles)が、地、水、火、風の四元素を以て宇宙の根源としたる如く、また、かの印度哲学に於て古くは優婆尼沙土(Upaniṣad)や近くは数論《すろん》(Sāṃkhya)や勝論(Vaiśeṣika)が五大種を以て、万有の本質としたるのと、全くその揆を一にせるものであって、現象論的元素としての六大の色彩を最も濃厚に表わしている。次に大乗系の経論特に般若系の経論では、原始仏教の六大説より更に一歩進んで、六大を以て空の内容すなわち真空妙有の世界を積極的に説明している。故にそれは実在の象徴としての六大説の色彩を帯ぶるもので、これらの六大説の弁証法的発展として、われらはここに真言の六大説を見出すものである。

（3）両部大経を初め密教所依の経論には六大を組織的に説いた顕文はない。もっとも八祖相承の秘文と称せられる二頌八句の頌文があるが、これは大師の創見と見るべきであるから、大師以前の祖師の間には未だ組織立った六大説はないというべきである。しからば大師はいかなる根拠によって六大体大説を組織されたかというに、まず大師の撰述の中で、最も明快に六大説を述べられたのは『即身成仏義』一巻である。元来この『即身義』は真言密教の本旨たる即身成仏の原理を学的に立証せんとして作られたもので、大師はいわゆる二経一論八個の証文を引用していられるが、この『即身義』に六大体大に関する証文として認むべきものが六ヶ所ある。一々その証文を列挙することは暫く措き、左にその証文の典拠だけを挙げておく。

一、『大日経』第二具縁品（大正蔵一八、九）。二、『大日経』第五、阿闍梨真実智品（大正蔵一八、三八）。三、『大日経』第五、秘密曼荼羅品（大正蔵一八、三一）。四、『大日経』第五、秘密曼荼羅品（大正蔵一八、一三）。五、『大日経』第三、悉地出現品（大正蔵一八、一九）。六、『金剛頂瑜伽修習毘盧遮那三摩地法』（大正蔵一八、三三一）。

ところで右の証文の中で最も有名なるものは『大日経』具縁品に表われたる左の一文であるから、これについて一言しておきたい。

「我覚《識大》二　本不生《地大》一、出二過語言道《水大》一、諸過《火大》得二解脱一、遠二離《風大》於因縁一、知三空等《空大》二虚空一」

もっともこれは大日如来の自証の世界たる菩提の実義を解説したもので、『大日経』の文相からいえば阿字の実義を述べたものというべきで、疏家は『疏』第六（大正蔵三九、六四六）に於てこれを本不生の内容の説明として取扱っていられるが、大師はこの一文を六大の実義を述ぶるものとして、次の如く『即身義』に解釈されている。

「いはく、六大とは五大とおよび識となり。（ここに前掲の偈頌を述ぶ）これその義なり。かの種子真言にいはく、『《アビラウンケンウン》』。いはく、阿字諸法本不生の義とはすなはちこれ地大なり。嚩字離言説とはこれを水大といふ。清浄無垢塵とはこれすなはち囉字火大なり。因業不可得とは訶字門風大なり。等虚空とは、欠字の字相すなはち空大なり。我覚とは識大なり、因位には識と名づけ、果位には智といふ。智すなはち覚なるが故に。」

而して大師が「我覚本不生」云々の思想を以て、直に六大の実義を顕わす一文と見られたことについては、『大日経住心品』における左の一文がまさしくその思想的根柢となっている。すなわち『住心品』（大正蔵一八、一）には一切智々の世界を説明する譬喩として、五大の思想が用いられているのである。玄奘訳『大般若経』五六七巻（大正蔵七、九二六）にも般若波羅蜜多の説明として『大日経』の説と同じく五大説を用いている。

「この一切智々の道の一味はいはゆる如来の解脱味なり。世尊、譬へば虚空界の一切の分別を離れて分別なきが如し。かくの如くの一切智々も一切の分別を離れたり。世尊、譬へば大地の一切衆生の依なるが如く、かくの如くの一切智々は天・人・阿修羅の依なり。世尊、譬へば火界の一切の薪を焼きて厭足なきが如く、一切の無智の薪を焼く。世尊、譬へば風界の一切の塵を除くが如く、かくの如く一切智々は一切の諸の煩悩の塵を除去す。世尊、喩へば水界の一切衆生、これに依つて歓楽するが如く、かくの如く一切智々は諸天世人の為に利楽す。」『大日経』（大正蔵一八、一）

次に第六識大説の典拠としては、前掲の『金剛頂瑜伽修習毘盧遮那三摩地法』(『即身義』には単に『金剛頂経』にいうとあり)にこれを見出さねばならぬ。すなわち同経(大正蔵一八、三三一)には法界体性三昧に住して、まさしく菩提の境界を体験せんとする方法を説きて後に次の如くいう。

「諸法は本不生にして、自性は言説を離れ、清浄にして垢染なく、因業は虚空に等し。」

而して『即身義』にこれを解釈して、

「諸法とは、いはく諸の心法なり。心王心数その数無量なり。故に諸といふ。心識名異にして義通ぜり。」

しかしここにいう諸法とは心法であり、心法とはすなわち識大なりといわれたのであるが、その識とは分別智ではなくて、無分別智である。迷の智慧ではなくて、悟の智慧である。ただ因位の菩提心を表わす為に識の名を用いたもので、事実は果位の智と同意語である。すなわちこれが識大の根拠となっているのである。しかも大師が諸法を以て諸心法なりと断言されたことは、そこに味うべき深き意義のあることで、体験の境地から見れば、能知(心)と所知(法)、主観と客観とは二にして一である。能所一体であるから、法即心、心即法である。この境地を識を以て表現したのであるから、その識は因位の識でなくて、果位の智であることはいうまでもない。けだし『大日経』が本不生の世界を、客観的に色(前五大)の方面からこれを現わし、『金剛頂経』が同じく本不生の世界を主観的に心(識大)を以て表現していることは興味深きことで、大師がここに着眼せられ両者を止揚して六大体大説を組織されたことは、まことに一大卓見なりといわねばならぬ。

（4）識大を𑖮𑖳𑖽（hūṃ）字に配するに二説ある。一は吽字の字体は因の義を表わす𑖮（ha）である。従って吽字にも因の義がある。しかも因とは菩提心の義を表わす。故に𑖮𑖳𑖽字を識大の種子とする。二は𑖮𑖳𑖽字には『吽字義』にいう如く因、行、果の三義がある。従って吽字には覚了または了別の義があるから、これを識大の種子とするというのである。

（5）一具説と多具説とは、そのまま一法界説と多法界説との対立を示す。すなわち一法界説は、諸法の本体は無相平等にして絶対無差別なりといい、多法界説は、諸法の本体には三大の相歴然として存すという。前者は遮情的に法界を示し、後者は表徳的に法界を示す。前者は『大日経』の法相、後者は『金剛頂経』の法相である。一は実相論の教系、一は縁起論の系統である。故に前者は中観仏教に親しく、後者は瑜伽仏教に親しい。なお教相上に於ては、前者は加持説学派に属する新義派の説、後者は自証説学派に属する古義派の説、事相上に於ては、広沢流では一法界を表とし、小野流では多法界を表とする。しかし一多法界は不二の上の而二なるはいうまでもない。

（6）この一句を『即身義』に釈して、次の如くいう。

「頌に『六大無礙にして常に瑜伽なり』といふ。無礙とは渉入自在の義なり。常とは不動、不壊等の義なり。瑜伽とは翻じて相応といふ。相応渉入はすなはちこれ即の義なり。」

（7）『五輪九字秘釈』（『興教大師全集』三一頁）には、

「また次に法身に五種あり。前の四身に法界身を併するが故に。曼荼羅に五種あり。前の四曼に法界曼荼羅を加ふるが故に」

といい、更に『聖位経』『礼懺経』を引いて、

「これらの証文に依るに四身の外に法界身あり。法界身とは六大法身なり」といふ。

（8）　因位（凡夫位）には識と名づけ、果位（仏位）には智と名づくといふ。故に九識は因位、五智は果位である。いま両者の関係を図示すれば左の如し。

九識		五智
前五識	—	成所作智
第六識	—	妙観察智
第七識	—	平等性智
第八識	—	大円鏡智
第九識	—	法界体性智

（9）　五輪の思想は、三輪（地・水・火）、四輪（地・水・火・風）の思想と共に古代印度の宇宙観である。すなわち宇宙の生成変化を説明するに用いた五輪説が、一転して密教の五大説と結びつき、ここに如来の三摩耶身すなわち標幟（象徴）となり、更に具体的に六大法身を象徴する五輪塔婆の思想を生ずるに至ったのである。従っていう所の輪は原始仏教にいうが如きものではなく円満完全の意味を表示するのである。而して表面のの五字は五大の種子で胎蔵界の大日を示し、裏面の（鑁）一字は識

大の種子で、金剛界の大日を表わせるものである。故に一個の五輪塔婆はそのまま金胎両部、理智不二の大日如来の象徴である。しかるに普通識大の種子は𑖮𑖳𑖽(hūṃ)を以て表わすに対し、五輪塔婆には𑖪𑖽(vam)字を書くはいかにというに、識を𑖮𑖳𑖽字で表わするときは暫く因位の識に約し、𑖪𑖽鑁字を以て示すときは果位の識に約したるものである。

第三節　四曼相大論

私どもはすでに密教の哲学的基調たる六大思想について一応考察し終った。おもうに六大は宇宙の本体、万有の根源にして、一切の事々物々は悉くこの六大より成立しているのである。しかも六大は単なる哲学的原理ではなくてそのまま宗教的実在である。すなわちそれは法と人との一致したる六大法身であった。ところで、いまここに述べんとする四曼[1]とは、つまり六大より生起したる現象の諸法をば、哲学的に四種の方面に分類し考察したものであると同時に、それはまた宗教的に六大法身の相状をば四種の形式によって表現したものである。換言すれば、あるものは、やがてあるべきものという、いわゆる「即事而真、当相即道」の立場より、宗教的に宇宙を一個の曼荼羅[2](maṇḍala）として観察したるもので、それはまさしく六大論の必然的帰結ともいうべきものである。

さていう所の四曼とは、つぶさにいえば次の如き四種の曼荼羅である。

一、大曼荼羅（mahā-maṇḍala）（略称、大曼）

二、三摩耶曼荼羅（samaya-maṇḍala）（略称、三曼）

三、法曼荼羅（dharma-maṇḍala）（略称、法曼）

四、羯磨曼荼羅（karma-maṇḍala）（略称、羯曼）

ところでいまこの四曼の思想内容を考察する場合、少くとも二種の見方が可能であるとおもう。すなわち一は哲学的考察であり、一は宗教的考察である。もちろんそれは内面において一致すべきものではあるが、説明の便宜上この二種の形式によって四曼の思想内容を見ていこうとおもう。いままず第一の哲学的観方から四曼を見るに、第一に大曼荼羅(3)とは、宇宙の全体の形相を指していったものである。すなわち大は六大の大と同じく、周遍または普遍の義であるから、大曼とは六大より成立している現象の諸法の全体をいうのである。いわゆる万有の普遍相に名づけたものといってよいのである。

第二に三摩耶曼荼羅《さんまやまんだら》(4)とは、三摩耶（samaya）とは本誓すなわち理想を表わす言葉であるから、つまり宇宙間に存在する個々の事物の形相である。すなわち大曼が全体の相を表わす普遍相であるに対し、三曼は部分の相を示す特殊相だということができる。なんとなればいま現前のあらゆる事物を哲学する時、私どもは文字通り千差万別なることを見出すのである。同一の如く見ゆるものも、仔細に観察すれば皆悉くそれぞれ差別の相をなし、特殊の姿をなしている。しかもかくの如き事々物々は、決して何ら意味なき存在ではないのである。いずれも深き生命と価値とをもったものである。すなわちすべてはそれぞれ一個の本誓（理想）を表示せるものである。故にこの世界を密教では三摩耶曼荼羅といったのである。

第三に法曼荼羅(5)とは、一切の言語、音声、文字、名称などを指していうのである。すなわち一切の事物はそれぞれ特殊な意味と理想とをもったものである以上、それが一個の言葉の上に表現され名称づけられたる時にも、必然的にそこには特殊な意義が生ずることは当然のことである。しかも、密教からすれば十界（地獄・餓鬼・畜生・修羅・人・天・声聞・縁覚・菩薩・仏）に言語を具し、六塵（色・声・香・味・触・法）悉く文字であるから、一切の言語、文字はそのまま如来の言語であり、文字である。(6)けだしこうした声字即実相の立場を示したのが法曼荼羅である。

第四、羯磨《かつま》曼荼羅《まんだら》とは、羯磨（karma）とは作業《さごう》の意味であるから、これは宇宙間における一切事物の活動、作用を表示したものである。すなわちあらゆる存在の事物が悉く実在の象徴である以上、すべての活動、作用もまたそのまま実在そのものの活動であり、作用であらねばならない。いわゆる磯うつ波、松吹く風も、みなそのまま実在の意味ある活動であらねばならぬ。こうした意味から、宇宙間の一切の活動を実在の象徴としてみていくのが羯磨曼荼羅である。

以上に述べた如く、第一の哲学的見方からすれば、四曼とはつまり現象の諸法をば全体と部分、普遍と特殊に分ち、それら一切の事物がもてる言語、文字、名称と、更にその活動とを四個の範疇に総括し、それをすべて悉く現象即実在の立場から、実在そのものの象徴として眺めたるものが、とりも直さず四曼すなわち四種曼荼羅である。

ところがちょうどかの哲学としての六大説が、一転して宗教としての六大法身になった如く、四曼をばただ哲学の立場から見ただけでは、まだ十分に四曼の意味は徹底しないのである。いわゆる龍を画いて未だ肝腎の眼睛を点ぜざる憾みがあるのである。故に四曼は第二の見方たる宗教的考察によって、初めてここに点睛せられるわけである。いま進んで宗教的立場から四曼を解釈すれば、

第一、大曼荼羅とは仏菩薩の相好具足の身をいうのである。而してこの場合における大とは、五大の意味で、五大によって顕わされた曼荼羅である。従って彫刻、絵画、捏鋳の仏像は大曼である。

しかし広義に解すれば一切万象悉く六大法身の当体であるから、塵々法々みなこれ大曼であるわけである。

第二、三摩耶曼荼羅とは、仏菩薩の所持せる刀剣、輪宝、蓮花等の一切の器具、ならびに手に結べる印契等を三曼というのである。而してこの場合における三摩耶は本誓の意味で、それらの一々の器具はいずれも仏、菩薩の内心の誓願を象徴しているのである。なお広義に解するならば前述の如く山川、草木、国土等一切の万象は、悉く三曼であるわけである。

第三、法曼荼羅とは、仏菩薩の種子[7](bija)である。すなわち世間の事々物々みなそれぞれ異なった名称ある如く、一々の諸仏菩薩についてその名称及び本誓よりして、その頭字をば梵字によって表示したのが種子であるから、法曼とはとりも直さず文字の曼荼羅であり、種子の曼荼羅である。例えば𑖀《ア》字を以て大日如来を表わし、𑖮𑖿𑖨𑖱𑖾《キリク》字を以て阿弥陀仏を表示するが如きである。而して広義に解すれば経典に記述されたる一切の文字を初め、その他世間のあらゆる言語、文字、名称も悉くこの法曼に摂まるのである。

第四、羯磨曼荼羅とは、諸仏菩薩の威儀《いぎ》事業《じごう》をいうのである。すなわち仏菩薩の衆生化益の為の一切の威儀、活動は羯曼《かつまん》であると共に、鋳塑彫刻等に現われたる威儀もみな羯曼である。しかも広義に解すればわれらの行住坐臥を初め、一切事物の活動作用はそのまま羯曼であるわけである。

以上二種の見方によって、大体四曼はいかなる意味内容をもてるものであるかを理解し得た。これを要するに四曼は、前述の如く結局、一切の現象の諸法を四種の形式に分類してその形状を説明したもので、六大体大がやがて宗教的人格たる六大法身説によって点睛された如く、四曼の教理もそれはあくまで宗教的観点から解すべきで、現前の諸法を悉く大日如来の円満相好《そうごう》の種々相として見る所に、本当に四曼の意味が顕彰されるのである。すなわち大曼は宇宙それ自身の全体相であり、羯曼・法曼・三曼の三種の曼荼羅は全体に対する部分で、次の如く如来の身と語と意との三密を象徴したものというべきである。

最後に私は四曼相互の関係について一言しておきたい。けだしかの六大が相互に相即無礙なるものであったが如く、この四曼も各々不離であることはいうまでもない。体が無礙《むげ》渉入《しょうにゅう》する以上、当然その相もまた相即不離でなければならない。これについて『即身義』には左の如くいう。

「かくの如きの四種曼荼羅、四種智印その数無量なり。一一の量虚空に同じ。かれはこれを離れず、これはかれを離れず。なほし空・光の無礙にして逆へざるがごとし。故に『四種曼荼各々離れず』といふ。」

すなわち一切悉く四曼であるが、その四曼はもとよりいずれも無関係のものではない。それは決して孤立し独存しているのではない。しかもまた四曼相互に不離なるのみならず、仏の四曼と凡夫の四曼とも相互に不離である。而してその関係を示すに、古来、同類不離、異類不離の語を以てしているが、その説明は畢竟六大における同類無礙、異類無礙と同一であるから、改めてここに説明するまでもない。おもうに体よりいうも相よりいうも、当相即道であり、即事而真である。あるものは、あるべきものであり、存在はそのまま当為である。かくてここに凡即是仏、我即大日の密教の根本旗幟は最も明瞭に説明されるわけである。

註

（1）四曼相大説は、六大体大説と同様、弘法大師の独創であるが、その思想的根拠とおもわれるものは、『大日経』第六、本尊三昧品（大正蔵一八、四四）の三秘密身の説である。

「諸尊に三種身あり。いはく、字・印・形像なり。」

すなわち字とは種子、印とは三摩耶形（標幟）、形とは本尊の体である。けだし字、印、形はまたこれを種、三、尊とも称し、密教で仏身を建立し観念する場合における順序次第を表示したものであるが、この三種身はそのまま大、三、法の三曼に契当するのである。而して羯曼は三曼の威儀事業としてみるのであって、四曼説の根拠は恐らく経典としては『大日経』であろう。もっとも『即身義』の中には

「もし金剛頂経の説に依らば」として、四曼を掲げてあるが、この『金剛頂経』は現存の金剛頂部の経典には見当らないが、大師は恐らく『理趣釈経』『諸部要目』（または『都部陀羅尼目』、或いは『陀羅尼門諸部要目』等ともいう）の意によって解説されたものだろうとおもう。而して『大日経』の意によれば、羯曼を以て三曼の上のものと見る通三羯磨説であり、『諸部要目』（大正蔵一八、八九八）『理趣釈経』巻上（大正蔵一九、六一〇）等の意によれば、羯曼を三曼以外のものとする見方で別体羯磨説である。このことについては詳しくは『即身義宥快鈔』七、五丁『即身義東聞記』七、六丁を参照せよ。ちなみに四曼を四智印ということがあるが、その智印とは曼荼羅と同意語で、つまり曼荼羅を印現する修生の智に約して智印といったのである。

（2）　曼荼羅（maṇḍala）とは、略して曼荼（maṇḍa）ともいい輪円具足、聚集、発生などと訳され、或いは曼荼羅を maṇḍa（本質）＋ la（成就）の合成語として、本質の成就（すなわち仏陀自覚の境界を示せるもの）等といわれている。元来密教の立場よりせば、本体としての六大は如来の三摩耶形（標幟）である。端的にいえば六大法身の当相である。故に一塵一法として如来の象徴たらざるものはない。すべては如来の智慧徳相を具現しているのである。いわゆる輪円（円満）に具足しているのである。かの『秘蔵記』には密教は曼荼羅を以て体とすといい、更に曼荼羅とは阿字本不生の理なりと喝破しているが、その阿字本不生の理は、とりも直さず六大一実の境界で、それはまた絶対究竟の菩提の実義を表示したものに外ならない。かくてこの菩提の実義を表わせる曼荼羅は、転じて本不生の理より発生せる無数の諸仏諸尊の境界を意味するようになり、更に一転して、かかる仏菩薩の世界を描写したる図絵を曼茶羅というようになったのである。しかも現今では曼茶羅といえば、多くこの第三義の図絵の曼茶羅の意味に取扱われている。かくの如く曼茶羅にはその意味に変遷があるとしてもその本質的意味は、いうまでもなく阿字本不生の理を象徴したもので、本来は六大体大に約していわるべきものであるが、いまは当相即道の立場より、現象の相状たる相大に約して曼茶羅の意義を表示したものである。なお曼茶羅については仏身論及び両部曼茶羅の項を参照せよ。

(3) 大曼茶羅の大を五大の大と解すれば、五大の色によって顕わされたる曼茶羅という意味である。これに対して大を周辺、全体の義に解すれば、全体の曼茶羅という意味である。いずれにしても大曼茶羅にはこの二義が含まれている。

(4) 三摩耶（samaya）には古来、平等、本誓、除障、驚覚の四義があるといわれている。すなわち『秘蔵記』（『弘法大師全集』第二輯六）に三摩耶を解釈して、

「三昧耶に多義あり、しばらく四義を表はす。一には平等の義、二には誓願の義、三には驚覚《きょうかく》の義、四には除垢《じょく》障《しょう》の義なり」といい、一々この四種の義を詳釈している。而して三曼における三摩耶は本誓の義が親しい。

(5) 法は梵語の dharma（達磨）で、古来、軌持、軌範、または軌として物の解を生ず、の義と解されているが、前述の如く、これは真如もしくは真理の意味である。故に法曼茶羅とは真理を現わしたる曼茶

羅というべきであるが、密教では声字即実相の立場から、その真理を詮顕したる言語、文字を指して法曼といったのである。

(6)『声字義』にいう。

「それ如来の説法は必ず文字による。文字の所在は六塵その体なり。六塵の本は法仏の三密すなはちこれなり。」

「五大にみな響あり、十界に言語を具す、六塵悉く文字なり、法身はこれ実相なり。」

(7) 種子とはまた種字とも書く。かの植物の種子の如く諸法を出生する故に種子というと解されているが、惣じて密教にいう種子には二義ある。一は含蔵、一は出生の義である。すなわち含蔵とは、世間の種子の能く根茎等を含蔵し、摂持するが如く、一字能く無量の功徳を含蔵するが故に、また出生とは根茎雨露の内外の縁によりて能く生ずるが如く、一字より無辺の諸功徳を出生するが故にかくいうのである。すなわち密教は、梵字に神秘的意味を認め、諸尊の名称及び本誓の頭字をとりて、これを梵字に表示して種子となすのであるが、これについて『秘密儀軌訣影』には次の如くいう。「およそ胎蔵部の真言は、一首の上の字を種字とすること通途なり。しかるに疏にあるはその呪の一首の内にて肝要なる文字を種子とする義なり」と。すなわち通常胎蔵界は真言の上の字を金剛界は真言の下の字を種子とする。例えば金剛界大日の種子たる 𑖪𑖽 字は真言の終の字、胎蔵界大日の種子たる 𑖀 字は真言の最初の字である。なお印融の『古筆抄』六には、文字と種字との関係をば総別の二門に分ちて説明しているが、総じていう時は種子とは根源の義で摂持と引生との二義あり、別していう時は了因と生因と本有の三義ありという。詳しくは同書をみよ。

第四節　三密用大論

一

われらはすでに密教教理の基調たる六大、四曼の思想内容について一応これを研究し終った。おもうに六大と四曼とは、体と相、実在と現象、当為と存在との関係を哲学的に且つ宗教的に説明したものである。而していま正しくここに述べんとする三密の思想は、体と相とに対する用の世界を示せるものであって、かくてこの体相用の三大、すなわち六大四曼三密の考察によって、密教教理の根本観念は、自ら明瞭にされるわけである。

けだしわれらの行為または活動は、これを三種の方面に分けてみることができる。一は身体上の行為、二は言語上の行為、三は精神上の行為である。而して仏教では一般にこれを身・口・意の三《さん》業《ごう》(tri-karma) と呼んでいる。つまり仏教ではわれらの一切の活動をば悉く三業としてみるのである。ところがわが密教では、この三業をば特に三密 (tri-guhya) と称しているのである。故に密教に於ては三密即三業である。もっとも一般仏教では仏の三業を称して三密ということもあるが、われわれ衆生の三業を三密と称するのは恐らく密教だけであろう。この意味に於て、私はいま三密の思想内容を解説するに当って、まず密教は何故に三業をば三密と称するか、の問題について説明しておかねばならぬとおもう。しかもそれがやがて三密の内容の研究になるのである。

さてこの問題を考察するには二つの方面からみる必要がある。すなわち一は当為としての立場と、一は存在としての立場である。換言すれば仏界に約していう場合と、衆生界に約していう場合の二つの見方が必要である。ところでまず仏辺に約していえば、仏の三業の活動は極めて深甚微細《みさい》で、凡人の容易に窺知することができないから、これを三密といったのである。これについて大師は『即身義』に於てこういっていられる。

「いはく、三密とは一には身密、二には語密、三には心密なり。法仏の三密は甚深微細にして等覚十地も見聞することあたはず、故に密といふ。」

すなわち、仏陀の世界に約していえば、身密 (kāya-guhya) とは、宇宙の全体的活動であり、語密（vāg-guhya）とは、宇宙間におけるあらゆる言語音声の上の活動であり、心密（mano-guhya）とは宇宙間における一切の精神活動である。いうまでもなく宇宙はそのまま六大法身の当相であるから、密教の立場からすればいわゆる森羅万象悉く大日如来を離れてはない。かのスピノーザが神即自然（Deus sive natura）といって神と自然との一致を主張した如く、密教よりすれば如来即宇宙である。六大が法界であり、法界がそのまま法身大日である以上、宇宙即如来である。従って如来の三密は、いわゆる竪には三世に亙り、横には十方に遍じて、時間的にも空間的にもそれは永遠に不滅である。しかもそれは凡夫のよく了知する境界ではなくて、ただ宇宙の万物をその本質に於て哲学するもの、別言すればいわゆる「永遠の相に於て」（sub specie aeternitatis）観ずるものにして、初めて如来の微細なる三密の世界を知ることができるのである。

次に衆生辺に約していえば、元来、仏と衆生とは、前述の如くその体においては何ら異なる所はない。すなわち衆生はその体に於ても、その相に於ても、仏と無差別平等であるから、その用に於てもまた仏と同じく微妙なる三業の活動があるべきはずである。しかしそれは真実に法を求め、万物を永遠の相において眺めうる人にして初めて味わわれる天地であって、一般の人たちにとっては全く不可解な一個の謎でしかない。つまり凡夫には秘密であるわけである。こうしたあるべきものとしての観点から衆生の三業をもこれを名づけて三密といったのである。

以上私は二種の方面より考察することによって、三密の思想内容、ならびに何故に密教ではわれら衆生の三業を三密と称するかの問題について一応説明したのである。

ところでここに一言せねばならぬことは、衆生の三密についてである。すなわち衆生の三密と仏の三密とは平等にして無差別だといっても、それはあくまで当為としての問題で、存在としての問題ではない。換言せばあるべきもの（Sollen）としては仏と衆生との間に何ら異る所はないとしても、あるもの（Sein）としては、決して同一とはいえない。故にここにあるものをして、あるべきものたらしめ、存在の三業をして、当為の三業たらしめる必要が生じて来るのである。けだし「三密の修行」とは、まさしくこの問題を取扱ったものである。もっともこの存在としての三密の問題は、成仏論に於て論ずべきもので、体大、相大に対する用大としての三密は、仏界より見たる三密論でよいのであるが、三密用大を説明するには一応どうしてもこの問題にも触れねばならぬから、最後に実践論上の三密の思想を説いて三密用大論を終ろうとおもう。

さていま実践の上から見た三密についてみるに、いうまでもなく修行上の三密とは、手に印[1]を結び（身密）、口に真言を唱え（口密）、意《こころ》三摩地[2]に住する（意密）のことである。従ってそれはわれら凡夫の三業の活動をして、仏陀の微妙なる三密の生活たらしむることに外ならぬ。換言すれば凡夫の生活をして、仏陀の生活たらしむることである。しかも凡夫としての生活とは、つまりわれらの身口意の三業が本来、仏の三密と同等にして無差別たることを知らないからである。われらは先天的に体としては六大、相としては四曼、用としては三密の所有者であることを如実に自覚しないからである。端的にいえば実の如く自心を知らざるためである。この意味において、われらは手に印を結びて仏の身密に同ぜしめ、口に真言を唱えて仏の語密に同ぜしめ、意を生仏一如の三摩地に住して仏の心密に同ぜしめるのである。すなわち身語意の三密は仏の一切の活動の象徴形式であるから、その形式によってわれらの三業を高次的に浄化し止揚するのである。かくて、ひとたびわれらの三業が、まさしく三密として相応し一致するとき、われらの三密と仏の三密とは、ここに互いに渉入し無礙し、我れ仏に入り、仏我れに入り、仏凡一体、生仏一如の境界に到達するのであって、この世界を称して三密瑜伽（相応）、または三密加持[3]というのである。故に大師は『即身義』にこの間の消息を次の如くいわれている。

「もし人ありて法則を闕《か》かずして昼夜に精進すれば、現身に五神通を獲得す。漸次に修練すればこの身を捨てずして進んで仏位に入る。つぶさには経に説くが如し。この義によるが故に『三密加持すれば速疾に顕はる』といふ。」

しかるにこの修観上の三密について、古来、有相と無相との二種の見方がある。すなわち有相[4]の三密とは前述の如く手に印を結び、口に真言を誦え、心を三摩地に住するといった様に、ある一定の形式によって修行するもので、それはいわゆる他律的方法である。これに対して無相の三密[5]とは、かくの如き印、真言、観念といった様な特殊の型によらざるもので、それはいわゆる自律的方法である。すなわち「手を挙げ足を動かさば、皆、密印を成ず」は無相の身密、「口を開けば発声、悉くこれ真言」は無相の口密、「心を起こし念を動ずれば、咸《ことごと》く妙観を成ず」はこれ無相の意密である。従って無相の三密とは、つまり有相の三密の円成された境地に顕われる体験の世界であることはいうまでもない。この意味に於て実践上の当為としては、まさしく有相より無相へであって、この無相の三密の世界に至って、初めてわれら凡夫の三業は、そのまま仏の三密となり、衆生の三密は、仏の三密と彼此渉入し、いわゆる仏我れに入り、我れ仏に入り、ここに於てわれらは如実に凡即是仏、仏凡一体の真境を味いうるのである。しかもかくの如き境界に遊ぶものこそ、実に興教大師のいわゆる「心、常に仏境に遊ぶ、身、いづくんか迷界に住せん」(障子ノ文)であって、それこそまさしく即身成仏の天地を味得したるものである。

ちなみに三密と羯曼に関して一言しておく。けだしこれについては即体と離体との二つの見方がある。即体とは、羯曼という時は三種の曼荼羅の相にして取捨屈伸についていったものである。次に離体とは、三密という時は四曼を離れて一つの作用としてみたもので、両者の間には即と離との区別があるわけである。

以上、私は密教哲学の綱格たる三大思想を述べ、いわゆる六大四曼三密の教理がいかなる思想内容をもったものであるかを一応説明し終った。これを要するに、六大といい四曼といい三密というも、つまり実在と現象、理と事、当為と存在との関係を論じたものであるが、その実在といい現象といっても、前述の如くそれは決して対立的に独立して存在するものではない。あたかも主観と客観、知るものと、在るものとが事実に於て一如であるが如く、実在即現象であり、理即事である。水を離れて波はなく、また波を離れて水なき如く、理を離れて事はなく、また事を離れて理はあり得ない。故に現象より眺むればすべては現象であり、実在よりみればすべては悉く実在ならざるはない。これと同様に六大体大の外に四曼三密はなく、四曼三密を離れて六大体大はない。この故に一切は六大である如く、一切は四曼であり、一切は三密である。すなわち体より眺むれば悉く六大、相よりみればすべてが四曼、用よりみれば一切はみな三密である。かくの如く密教は宇宙全体をば宗教的実在たる六大法身、すなわち大日如来の姿として眺めるのであって、それはわが大乗仏教の特色たる汎神論的思想を最も明確に表現せるものというべきである。

註

（１）印とは、梵語のムドラー mudrā（母陀羅、目陀羅）で、「決定不改」または「印信標章」の義を示せる語である。しかるに惣じて仏教にいう印には大体三種の義がある。

一、教理の規範、または標章の義である。例えば三法印または一法印の如きである。

二、仏菩薩の手にせる刀剣、輪宝、蓮華等の器具を意味するもので、これはすなわち仏菩薩の本誓すなわち理想を象徴したるものである。

三、真言行者の手に結ぶ印契のことで、左右十指の屈伸によって法界の実相、如来の身密を象徴するものとして用いる。

以上、三義ある中第二、第三は密教独得の思想であるが、いま正しく第三義について一言しておきたい。けだし密教にいう印とは『法界の標幟である』（大疏十三）。すなわち手に結ぶ所の印は、そのまま宇宙の実相の象徴である。すなわち左右の両手（両羽）を次の如く、衆生と仏、定と慧、理と智、本有と修生、胎蔵と金剛等に配し、更にまた左右の五指をば、小指、無名指、中指、頭指、大指、と次第し、これを五大（地、水、火、風、空）または五字（𑖀𑖪𑖨𑖮𑖏）十波羅蜜（檀、戒、忍、進、禅、慧、方、願、力、智）等、その他種々なる義に解している。

ちなみに印には種々なる形式があるが、その根本的なるものは十二合掌、四種拳（または六種拳）で、これは印母と称せられている。詳しくは『大日経』密印品（大正蔵一八、二四）、『大日経疏』第十三（大正蔵三九、七一四）を参照せよ。なお、印契の起源及び発達については栂尾祥雲著『曼荼羅の研究』四六九頁をみよ。参考となる点が多い。

（2）三摩地（samādhi）とはまたこれを三昧ともいう。普通に等持、等至、定と訳されている。すなわち心を統制して平等に保ち、または心を一境に専注して散乱せしめざるをいうので、つまり精神の統一を意味する。もっともこれは三摩地の一般的解釈であるが、密教にいう三摩地、詳しくいえば、『菩提心論』の諸教の中に於ては闕して書せずというその三摩地の法、すなわち意密としての三摩地はただ三摩地の一般的解釈ではいけない。でここに密教の三摩地について一言しておく。これに関してまず挙げねばならぬのは『菩提心論』の次の一節である。「三摩地といふは真言行人かくの如く観じ已って云何がよく無上菩提を証する、まさに知るべし、法爾に普賢大菩提心に住すべし、一切衆生は本有の薩埵なれども貪瞋痴の煩悩の為に縛せらるるが故に諸仏の大悲善巧智を以てこの甚深秘密瑜伽を説いて修行者をして内心の中に於いて日月輪を観ぜしむ、この観をなすによつて本心を照見するに湛然として清浄なることなほし満月の光の虚空に遍じて分別する所なきが如し。」

すなわち密教の三摩地は『菩提心論』にいう普賢の大菩提心に安住することである。換言すれば自己は本来仏であり、本有の薩埵なるにも拘らず、煩悩の為に如実にそれを覚知しないから、ここにわれらの心をして生仏一如、仏凡一体の観に任せしむるのであるが、これすなわち密教の三摩地である。

（3）加持（adhiṣṭhāna）とは、加とは加被、持とは任持であって、つまり加持とは、仏と衆生、救うものと救われるものとの宗教的体験の世界に現われる人格的関係を示したものである。別言せば、仏の救済の力と、衆生の信心とが冥合し一致したる境地を指していったものである。いま加持に関する二三の証文を挙ぐると、『即身義』には、

「加持とは、如来の大悲と衆生の信心とを表はす。仏日の影衆生の心水に現ずるを加といい、行者の心水よく仏日を感ずるを持と名づく。行者もしよくこの理趣を観念すれば、三密相応するが故に、現身に速疾に本有の三身を顕現し証得す。」といい、

『秘蔵記』（『大師全集』二、三六）には、

「加持の義、加とは諸仏の護念なり、持とは我が自行なり。また加持とはたとへば父の精をもつて母の隠に入るる時、母の胎蔵よく受持して種子を生長するが如し。諸仏悲願力をもつて光を放つて衆生を加被《かひ》したまふ。これを諸仏護念といふ。衆生の内心と諸仏の加被と感応の因縁の故に、衆生発心し、修行す。これを自行といふ。」

また『大日経開題』（『大師全集』一、六八六）には「加持とはまた加被といふ。往来渉入を加となし、摂してしかも不散なるを持となす。すなはち入我我入の義、これなり」といっている。これによっ

て、密教に於ける加持の意味は大体知り得られるとおもう。なお密教ではこの加持の原理より仏と衆生との加持を論ずるのみならず、更に仏と仏、法と法、法と人、人と人等の加持を説いている。

（4）有相の三密について『菩提心論』に左の如くいう。「およそ瑜伽観行を修習する人はまさに須く具さに三密の行を修して五相成身の義を証悟すべし。いふ所の三密とは一には身密とは契印を結びて聖衆を召請するが如きこれなり。二には語密とは密に真言を誦じて文句をして了々分明《りょうりょうふんみょう》ならしめ謬誤《みょうご》無きが如し。三には意密とは瑜伽に住して白浄月の円満に相応し菩提心を観ずるが如きなり。」

なお『金剛頂経開題』（『大師全集』一、七〇六）には三密瑜伽、すなわち三密相応について、「真言行者手に印契をなすは、すなはち身業なり、如来の身密と相応す。口に真言を誦ずれば、すなはち如来の語密と相応す。心に実相を観ずれば、如来の意密と相応す」という。

（5）無相の三密については大師の『大日経開題』（『大師全集』一、六五九）に左の如くいう。

「開口発声の真言、罪を滅し、挙手動足の印契、福を増す。心の所起に、妙観自ら生じ、意の所趣に、等持すなはち成ず。」

次に興教大師の『五輪九字秘釈』（全集二三）には、

「挙手動足、これ皆密印、開口発声悉くこれ真言、所有の心念、自ずと三摩地なり」といい、また同書（全集三九）には、「動静威儀印契にあらざるはなし。所出の音声、皆、これ真言、所念の意趣、悉くこれ禅智」といい、更にまた同書（全集四五）にいう。「形体色質すなはち身密、動寂威儀、これ密印、音韻声響、皆、語密。麁細の言語、悉く真言。染浄の心識、皆、心密。迷悟分別、智にあらざるはなし。説黙情意、また意密。輪円具足、法界に遍ず。事々理々本より不二。邪正の観念、定にあらざるはなし」。この他同書にはこれに類したる文は到る所に説かれている。なお経典の典拠とおもわれるものは『大日経』密印品（大正蔵一八、三〇）に説く所の次の一句であろう。「身分の挙動住止は、まさに知るべし、皆、これ密印なり。舌相の転ずる所の衆多の言説は、まさに知るべし、皆、これ真言なり。」

ちなみに有相無相に関しては新古異説の存する所であるが、一言にしていえば古義は有相と無相の二重を立て、無相を浅略とし、有相を深秘とす。これに対して、新義は有相の有相、有相の無相、無相の有相、無相の無相の四重を立つ。但しいまはこれらの問題には触れず、一般論として有相を他律的、無相を自律的とみて、有相と無相との問題を取扱ったものである。

第五節　阿字体大論

一

われらはすでに真言密教の哲学的基礎たる六大四曼三密の梗概を考察し終った。しかるにいまこの教理論を終らんとするに当って、是非一言しておかねばならぬことは阿字の思想である。詳しくいえば阿字体大説である。すなわち元来密教には六大を中心とする六大体大説と、阿字を中心とする阿字体大説との二つの流れがあるのである。(1)故にこの阿字への関心なくしては決してそれは完全なる密教の教理研究ということはできないのである。で、教理論の最後に私はこの阿字体大説について一応その大綱を述べておきたいとおもう。

けだしこの阿字の思想は、単に密教の経典のみならず、広く顕教の諸経典にも説かれている思想である。すなわち梵語の a(阿)字はアルハベットの最初の字であると共に、一切の文字、一切の音声は、すべてこの阿字を離れてないという観点から、またこの阿字が接頭語たる場合には、つねに否定の意味を表示しているという点などよりして、古来、仏教学上には、つとに教義解説の譬喩または象徴として用いられているのである。(2)しかしこの阿字に特に重大なる意味と価値とを認め、単に哲学的原理とするのみならず、進んで宗教的実在として、すなわち法身の三摩耶形として解釈するのは独りわが密教のみである。果してしからば、密教ではこの阿字をばいかに解釈するか。おもうに普通に一般仏教では、阿字には無、不、非の三義ありとして、専ら否定の立場から阿字をみているが密教は更に進んでこの阿字に有、空、不生の三義ありとし、これに種々なる哲学的宗教的意味を認めて居るのである。

「阿字に自ら三義あり。いはく不生の義、空の義、有の義なり。また梵本の阿字に本初の声あるは、もし本初あればすなはちこれ因縁の法なるが故に、名づけて有となす。また阿とはこれ無生の義。もし法因縁を攬《と》って成ずれば、すなはち自性あることなし。この故に空となす。また不生とはこれ一実の境界すなはちこれ中道なり。」『大日経疏』第七（大正蔵三九、六四九）

おもうに現前の一切諸法は、悉くこれ因縁所成である。一事一物、一塵一法といえども、因縁より生ぜざるはない。しかも因縁より生じたるものはこれみな仮有である。しかも仮有なるが故に真の有にあらずして空である。而してその有といい、空といい、いずれも因縁生の法の内容であって、事実に於て一切諸法そのものは、有にして空、空にして有である。いわゆる色即是空にして、同時に空即是色である。けだしこの有即空、空即有の天地こそ、まさしくこれ中道である。換言せば、諸法を単に有とみるも偏見であると共に、また空とみるも極端である。結局は有にして空、空にして有とみるべきである。端的にいえば中道の立場から諸法を眺むるのが真実の見方である。ところでいまこれを阿字の意義についてみるに、阿字に本初（ādi）の義あるとは、元来、本初あるはこれ因縁の法であるから、これを有といったのである。すなわち因縁の法は仮有であるが故に、この仮有の義を表わさんが為に、阿字には有の義ありというのである。次に阿字に無（a）の義があるとは、すなわちこれ無生の意味を示したものである。すなわち因縁所生の法は、有といってもそれは仮有である。しかも仮有はそのまま空であるから、阿字に無生すなわち空の義ありというのである。次に阿字に不生《ふしょう》（anutpāda）の義ありとは、これすなわち空即有、有即空の中道の義を表示したものである。しかるに不生をそのまま中道とみることは、元来、不生とは不生不滅の義である。しかも不生不滅はそのまま不有不空であり、不有不空はやがてこれ中道の義であるからである。かくてこの有・空・不生の三義によって、一切諸法は悉くこの阿字に還元されるのであって、いわゆる阿字即法界で、阿字が直に宇宙法界を象徴することになるのである。換言せば、一切は阿字に統一せられると共に、一切はまた悉く阿字より開展したるものである。従って宇宙法界におけるあらゆる活動はそのままこれ阿字の活動に外ならないのである。

ところで右の如く阿字には一応、有、空、不生の三義があるとしても、その最も本質的な阿字の意味は、いうまでもなく「不生」の義である。(3) なんとなれば不生とは詳しくいえば本不生（akārādy-anutpāda）である。しかもこの本生の一語には、有と空、現象と実在とが、悉く止揚されているのである。すなわち本不生の止揚的契機となっているわけである。故に古来、生とは有、不は空、本は中にそれぞれ配釈されているのであるが、とにかく本不生の一語こそ、密教教理の根本たる阿字の実義を最も端的に表現せるものというべきである。故に『大日経』具縁品（大正蔵一八、一〇）にも、「云何《いかん》が真言教法なる。いはく阿字門一切諸法本不生の故に」といっている。で、私はいま本不生の意味内容を考察することによりて、阿字のもてる内容を一層明らかにしていきたいとおもう。

二

さて古来この本不生については、それが真言一家の重大なる基礎観念であるだけに、これに対しては種々なる解釈が施されている。[4] しかしいまここでそれらの学説を一々解説し紹介している余裕がないから、ここでは本不生に対する密教的な解釈として、最も具体的なそして合理的だと思われる興教大師の説を挙げておきたいとおもう。[5] すなわち興教大師は『阿字秘釈』（全集一三三）に於て、「もし強いて委しく名句義をいはば」とて左の如く解釈されている。

「本とは本来といふ事なり。また本自なり、本性なり、本体なり、本源なり、本初なり、根本なり等といふ事なり。不とは空なり、無なり、非なり、遠離の義なり、断絶の義なり、等といふ事なり。生とは生起といふ事なり。または発生なり、出生なり、有なり、在なり、存なり」とて、本不生を更にまた遮情、表徳の二義を以て、種々なる方面より解釈されている。すなわちいう所の遮情の義とは、消極的方面すなわち否定の立場より本不生を眺めたるもので、興教大師は次の如き二方面から遮情の世界を説明されている。すなわちその第一は、いったい、有為現前の諸法はすべて因縁によって成立せるもので、仮有にして無自性、つまり空である。別言せば、一切の有《う》漏《ろ》の染法は無体即空で、本より自性なく、また生あることなきが故に不生というべきである。従って真如の立場、実在それ自身の立場からいえば不生不滅で、本不生だといわねばならぬ。すなわちこれが第一の解釈である。次に第二はすべて染とか浄とか、迷とか悟とかいうものは、みなこれ相対的のものである。染あればこそ浄あり、迷あればこそ悟があるのである。染浄はもと一如であり、迷悟は一体である。故にもし浄に対する染、実在に対する現象というものが無自性空、すなわち本不生なりというならば、実在それ自身もまた現象に対する実在であるかぎり、本不生といわねばならぬ。この意味に於て、浄も染も、現象も実在も、悉く本不生であるわけで、結局本不生を離れては何物も認めることはできないというのが第二の解釈である。

次に表徳の義とは、積極的方面すなわち肯定の立場から解釈したるもので、興教大師は「これに無量の義あり。仏すら説き尽したまふこと難し。何に況んや余人をや」とて、暫く十義に約して本不生の義を解釈されている。

しかも十義とは、十はいわゆる無尽を表わす十であるから、無量の義と同意語であることはいうまでもない。

一、実の如く自心を知るの義

これは十義の中の総であって、他の九義はつまり総に対する別である。なんとなれば元来、密教の根本、両部大経の骨目は、「実の如く自心を知る」の一句である。故に密教はこの一句を旗幟《きし》として、哲学を説き宗教を論ずるのである。従ってこの一句に対する解釈は古来の先徳の著述中には到る所に説かれているのである。しかもその根本は、つまり本不生際《ざい》をみることである。しかも本不生の体験が、そのまま実の如く自心を知るの世界であると共にそれがとりも直さず一切智々たる仏の境界である。従って本不生の内的意義としてはこの実の如く自心を知るの義で尽きているわけである。

二、衆生本来仏の義

われら衆生は本来仏なりとは密教の根本的立場である。故に衆生は究竟《くきょう》じて仏なりとみることは、つまりまさしく本不生際をみたものである。すなわち本来成仏の観点から不生を「衆生にあらず」

とみて本不生を解釈したるものである。

三、一実境界の義

一切の諸法を生ありとみるも偏見であり、滅ありとみるもまた迷執である。つまりは生に即せる滅、滅に即せる生、すなわち不生不滅とみるが正しき見方である。しかもこの境界がすなわち中道の境地であり、一実の境界である。けだしこれは不生をば「不生不滅」として、中道の立場より本不生をみたものである。

四、正覚等持の義

本不生を覚るを三昧（samādhi　等持）と名づくという意味よりして、本不生をみたるもので、仏陀（正覚）の三昧というは、つまり本不生際である。

五、自体清浄の義

一切諸法の自体は、染浄を問わず、迷悟を論ぜず、悉く本不生である。故にこれは自性清浄の立場から本不生を解釈したものである。

六、三句《ぐ》の義

『大日経』一部の核心たる三句、すなわち因（hetu）、根（mūla）究竟《くきょう》、（paryavasāna）の立場から、本不生をみたものである。すなわち本は菩提心を因となし（因）、不は大悲を根となし（根）、生は方便を究竟となす（究竟）の三句に配釈さるべきである。故に三句はつまり本不生の一阿字に還元さるべきことを説いたものである。

七、三身の義

法応化の三身に約して本不生をみたものである。すなわち法身は諸尊の本体の故に本に配し、応身は地上菩薩に応同する故に相応の義より空を意味する不に配し、化身は変化すなわち生の義よりして生に配したので、つまり本不生の一句には三身相即の義ありと解したるものである。

八、不二大乗三諦の義

これは空・仮・中の三諦に約して本不生を眺めたるもので、いうまでもなく本は中諦、不は空諦、生は仮諦の義に当るのである。

九、三密の義

これは三密に約して本不生を解釈したものである。すなわち本は身密、不は語密（空大は語密の故に）、生は意密（種々の巧用は心より生ずる故に）に当るのである。すなわち本不生の一句は三密瑜伽の境界を示したものというのである。

十、体相用の義

体相用の三大に配して本不生をみたるものである。すなわち本は体、不は相、生は用である。本不生の一句は三大円融の境地を表示するものと解釈したるものである。

以上、私は興教大師の『阿字秘釈』によって、阿字の実義たる本不生の世界がいかなるものであるかを一応解説した。おもうにおよそ法界のあらゆる存在は悉く因縁所生である。衆因縁和合の世界において、私どもは初めて法の存在を認めるのである。しかも因縁所生の法は、前述の如く有にして空、空にして有である。空というも有に即せる空、有というも空に即せる有である。これいわゆる中道である。換言すれば真理の世界は真空妙有である。真空はすなわち有を内容とする空であるから、そこには万法歴然として存するのである。妙有は空に即せる有であるから、万法歴然として存するといえども無自性である。故に本不生の世界は、これを否定的方面よりいえば不生不滅であるが、肯定的方面よりいえば本有常住である。しかも有と空とは相破ではなく相成である以上、不生不滅そのままが本有常住である。本有常住がとりも直さず不生不滅である。(6) 従って両者はただ一法の両義、一義の左右に外ならない。

けだし上来しばしば述べた如く、真言密教の立場よりみれば、一切諸法の本体はまさしく阿字である。阿字こそ哲学的にいえば諸法の根源にして、同時にそれは万法開展の基調である。更に宗教的にいえば、阿字はこれそのまま法身大日である。従って六大と同じく阿字は単なる法ではなく、法に即せる人である。すなわち阿字を仮に客観的真理たる理に約していえば、大日の理法身（胎蔵界の大日）である。主観的真理たる智に約していえば、大日の智法身（金剛界の大日）である。故に阿字こそ、とりも直さず理智不二、金胎両部の大日如来である。かるが故に『声字義』に於て次の如くいう。

「阿の声はいづれの名をか呼ぶ。法身の名字を表はす。すなはちこれ声字なり。法身は何の義かある。いはゆる法身とは諸法本不生の義、すなはちこれ実相なり。」

げにわれらにして真に阿字の実義を体験するならば、それはやがて実の如く自心を知るものである。しかも実の如く自心を知るものは、これまさしく法身如来の境界に体達したるものである。

「もし本不生際を見る者は、すなはちこれ実の如く自心を知る。実の如く自心を知るは、すなはちこれ一切智智なり。故に毘盧遮那は、唯だこの一字を以て真言としたまふ」『大日経疏』第七（大正蔵三九、六五一）。

けだしこの一句こそまさしくこの間の消息を物語るものである。

最後に一言すべきことは、阿字と六大との関係である。もちろん両者の関係については、すでに述べたる六大体大説及び阿字体大説を、比較研究すれば容易に理解される問題ではあるが、念の為、一応この問題について私見を述べて教理論の結末を告げたいとおもう。

すでに触れておいた如く、およそわが密教には古来二つの潮流がある。一は阿字を教理の基調とするもの、一は六大をその基礎とするものである。前者を称して阿字体大説といい、後者を名づけて六大体大説といっている。而して印度、中国の密教は前者に属し、その代表者は疏家《しょけ》すなわち善無畏である。これに対して後者はまさしく日本の密教で、その代表者はいうまでもなく宗家《しゅうけ》すなわち弘法大師である。かるが故に疏家と宗家との学説の異なりは、つまり阿字体大説と六大体大説との相違ということができる。果してしからば、両者はいったいいかなる関係にあるものであろうか。私はここに改めてこの問題について吟味してみたいとおもう。

さてまず疏家の立場からみるに、疏家は『大日経』を基調として真言教法の本質は畢竟本不生の阿字を説けるものだという見地から、盛んにその旨を『大日経疏』二〇巻の裡に説かれている。しかるにその阿字の説明たるや、きわめて遮情的であり、消極的である。すなわち本不生の世界をば、無自性空というが如き、或いは空仮中の三諦を以て説明するが如き、或いは無相一心というが如き、その内容はともかく、その説明の形式に至っては、華天両一乗に対するわが密教の特色が、未だ十分に発揮されていない憾みがある。しかのみならず、たとえ「金善互為《こんぜんごい》(7)」の伝説が一部の間に伝承されているとしても、疏家の根本的立場は、両部大経の中では有の教系たる『金剛頂経』の系統ではなくて、むしろ空の教系たる『大日経』の系統である。従ってここに少くとも疏家の学説に不十分な所があるのであって、それが真言密教の正系たる東密に於て、疏家をば伝持の八祖の一人として数えるが、付法の八祖の中にこれを加えない一つの理由であると思われる。

次に宗家についてみるに、大師もまた疏家と同じく『大日経』の肝心は阿字本不生にありとせられ、その御撰述中には所々に『疏』の文を引用せられて阿字を解釈されているが、しかし大師は疏家の如く本不生を単に一阿字の実義とはみずして、進んでこれを六大の原理として眺められたのである。すなわち抽象的な法としてみられたのではなくて、具体的な人として、端的にいえば六大法身として解釈せられたのである。もっともこのことは、既に第二節六大体大説に於て縷述《るじゅつ》したことであるから、ここで再び反覆はしないが、大師は一方『大日経』に五大説の典拠《てんこ》を見出し、更に他方『金剛頂経』において識大説の根拠を認め、ここに両部の大経を止揚し総合することによって、六大体大説を提唱されたのである。換言せば大師がいわゆる二経一論を引用して『即身成仏義』一巻を作り、六個の証文を引いてここに力強くも、主として縁起論の方面から六大説を高調されていることは、まさしく密教教理史上一エポックを画するもので、六大体大説こそ、何といってもわが弘法大師の一大創見なりといわねばならない。この意味に於て有と空との二大教系たる両部の大経についていえば疏家は空の教系たる『大日経』に親しく、宗家はむしろ有の教系たる『金剛頂経』の方に親しいと思われる。こうした立場よりして、一応は阿字と六大とは開合の不同とみるべきではあるが、再応これをみるとき、六大体大説は阿字体大説の必然的発展ともいうべきもので、わが真言密教は、大師の六大体大説の提唱によって、ここに初めてその旗幟を鮮明することができるようになったといってもあえて過言ではないのである。

註

(1) 疏家《しょけ》（善無畏）の立場は阿字体大説、宗家《しゅうけ》（弘法大師）の立場は六大体大説である。すなわち法界の実相たる本不生際をば、前者は阿字を以て実相論的に説明せんとし、後者は縁起論的に説明せんとしたのである。かるが故に法住が『管弦相成義』にいえるが如く、前者は中観仏教系に属し、一法界を表とし、後者は瑜伽仏教系に属し、多法界を表とするものとみることが可能である。換言せば疏家は専ら『大日経』を所依として密教の教理を説き、宗家は総じては両部の大経、別しては『金剛頂経』によって積極的に密教の教理を組織されたのである。かるが故に両者の区別は弘法大師の真言密教と善無畏系統の密教との根本的区別というべきである。

ちなみに東密が六大体大説であるに対し、台密が阿字体大説であることは前述の如くである。

（２）顕教の経典に於て最も代表的なものは『華厳経』入法界品（大正蔵九、七六五）と、『大品般若経』広乗品（四念處品）（大正蔵八、二五六）における四十二字門の思想である。『華厳』では四十二字の陀羅尼の字義を観ずるので、すなわち阿字に始まり佗字に終る、四十二字を唱念することによりて般若波羅蜜門に入ることを教えるもので、これは善財童子の善知識たる善知衆芸童子が善財童子に教えたる法門である。次に『大品般若』では、阿字を初めとし、茶字を終りとする四十二字の門を説き、この四十二字を誦持するものは、二十種の功徳ありといっている。これについて龍樹は『智度論』四十八（大正蔵二五、四〇八）でこれを釈して四十二字はこれ一切字の根本といい、この四十二字以外には何らの字なしといっている。とにかく『華厳』と『般若』とは、四十二字の字音とその布列の次第は全く同一である。すなわちいずれも阿字を諸法本初不生といい、四十二字の首としている。ところが、この四十二字門は三論、天台等の教学に応用されるに至るや、四十二字は菩薩修行の過程たる四十二位（住、行、向、地、等覚、妙覚）に配せられ、また阿字の本初不生の義を表示するところにより、三論教学では無所得空の象徴としているが、これはわれらの特に注意すべき興味あることである。

「問ふ、有不有これ何物ぞ。答ふ、諸法、従来無生にして、皆、阿字を以て本となす。これすなはち諸は皆、阿字の一の無生門に帰す。故に、経に云く、四十二字、皆、阿字に帰す」(『大乗玄論』巻二、二〇)。

(3)「阿字はこれ一切法教の本なり。およそ最初に口を開く音に、みな阿の声あり、もし阿の声を離るれば、すなはち一切の言説なし、故に衆声の母とす。およそ三界の語言は、みな名による。名は字による。故に悉曇の阿字を衆字の母とす。まさに知るべし、阿字門真実の義も、また復《また》是の如し、一切法義の中に遍せりと。所以は何んとならば、一切の法は、衆縁より生ぜざることなきを以て、縁より生ずるものは、悉くみな始あり本あり、今この能生の縁を観るに、また復《また》衆因縁より生ず。展転して縁に従ふ、誰れをかその本とせん。かくの如く観察する時は、すなはち本不生際を知る、これ万法の本なり。なほ一切の語言を聞く時、すなはちこれ阿の声を聞くが如く、一切の法の生を見る時、すなはちこれ本不生際を見る。もし本不生際を見る者は、すなはちこれ実の如く自心を知る。実の如く自心を知るは、すなはちこれ一切智智なり。故に毘盧遮那は、唯だこの一字を以て真言としたまふ」『大日経疏』第七(大正蔵三九、六五一)。

「今総じて諸真言の心を説かば、すなはちこの阿字これなり。これはこれ諸法本不生の義なり。もし阿の声を離れぬれば、すなはち余の字なし。すなはちこれ諸字の母なり。すなはち一切の真言の生処なり。いはく一切の法門と、及び菩薩等とは、皆、毘盧遮那の自体自証の心より、衆生を饒益せんと欲ふが為に、加持力を以て、しかもこの事を現じ給ふ。よく実に即体不生なること、阿字の法体に同じ。この字は、真言の中に於て、最も上妙となす。この故に、真言行者は、常にまさにかくの如く受持すべし」

『疏』第十（大正蔵三九、六八八）。

「𑖀の音、阿。訓は無なり、不なり、非なり。阿字はこれ一切法教の本、およそ最初に口を開くの音、皆、阿の声あり。もし阿の声を離るればすなはち一切の言説なし。故に衆声の母となす。また、衆字の根本となす。また、一切諸法本不生の義、内外の諸教、皆、この字より出生するなり」『梵字悉曇字母並釈義』（『大師全集』二、七二四）。

「かくのごとく観察する時はすなはち本不生際を知る。これ万法の本なり。なほし一切の語言を聞く時に、すなはちこれ阿の声を聞くが如く」（『吽字義』）。

「阿の声はいづれの名をか呼ぶ。法身の名字を表はす。……いはゆる法身とは諸法本不生の義、すなはちこれ実相なり」（『声字実相義』）。

以上は疏家、並びに宗家の阿字の実義たる本不生に対する見方の二三を摘録したるものである。

（4）　本不生を解するについては古来種々の異説があるが、その最も代表的なるものは無論、疏家と宗家である。すなわち前者は遮情的であり、後者は表徳的である。而して後世これらの両説を継承して、最も明瞭にその学説を発表されたものは、実に元禄時代新古を通じての学匠たる浄厳と運敞である。運敞師は主として無自性空の立場より本不生を眺め、浄厳師は本有常住の観点より本不生を解釈されている。古来新義派にては運敞の説により、古義派にては浄厳の説をとる。ちなみに運敞の学説は、『本不生顕密同異義』『開匳経』『同弁疑』によってみるべく、浄厳の学説は『大日経住心品玄談』『冠註即身義』『弁惑指南』等をみるべきである。なお金山穆韶教授は『弘法大師の仏教』の中に本不生の義を解説して、両師の学説を批判し、最後に因縁生無性の説は不了義、本有常住説は実説なりといっているが、本有常住説は少くとも無自性空を予想して初めて、その宗教的価値があり、また無自性空も顕教の無自性空ではなく、本有常住の思想を認めたるものである以上、あながちに未了義ということはできない。また加藤精神教授は、昭和四年度の智豊合同の布教講習会の席上、本有常住説を否定して、浄厳の説をば附仏法の外道の如く取扱われた様であるが、これもまた前説と同様に中正の見解ではない。私を以てすれば、運敞師は遮情為本であり、浄厳師は表徳為本である。いま遮情門を表とすれば運敞の義成立し、表徳門を表とすれば浄厳の義成立する。故に両者は各拠一義である。しかしその内容はともかくその説明に至っては、いずれも未だ十全なるものとはいえない。われらは少くとも古来の二大学説を止揚することによって、あくまで高次的態度を以て本不生の世界を探求し、これによって密教教理の核心たる本不生の義を、より一層宗教的に哲学的に基礎づけていかねばならない。しかもそこに純真なる青年学徒の立場があるとおもう。

（5）興教大師の御撰述中で、阿字を解説せられたるものには『阿字秘釈』の外に『阿字観』『阿字観頌』『阿字功徳鈔』（また阿字観ともいう。仮名書きにて認めたるもの）等がある。いずれも『阿字秘釈』と共に参照すべきである。

（6）実慧の『阿字観口訣』（古来大師の口訣と伝えられている）には次の如くいう。

「経に説く所の如実知自心は、本不生際を見る。本不生際を見るとは一切智々なり。一切智々は大日なり。故に真言教の即身成仏とは本不生際を見るなり。本不生際とは、一切諸法は本よりこのかた、仏、本有常住なり。煩悩も本来不生の煩悩、菩提も本来不生の菩提。かくの如く知るを一切智々と名づく。」

けだしこれ不生不滅即本有常住の義を端的に表わせるものである。

(7) 金善互授ともいう。すなわち『金剛頂経』の訳者たる金剛智が、『大日経』の訳者たる善無畏に金剛界の法門を伝え、これに対して胎蔵界の法門を善無畏が金剛智に伝えたという説で、主として台密一家にて伝うる説である。すなわち『胎蔵界別記』にいう。

「無畏和尚、また、大毘盧遮那大教主を将って東天竺三蔵金剛智に付嘱す。金剛智、また、金剛界大教主を将って無畏に授け、互ひに阿闍梨となす。」

第四章　仏身論

第一節　序説

一

およそ仏身論とは、仏陀とは何ぞや、という問題を取扱うものである。おもうにこの問題は一般仏教学に於て重要なる問題である様に、わが密教に於ても、もとよりそれはきわめて重要なる位置を占めるものである。特に密教の仏身論は他の一般教学とは異なり、ある特殊な色彩を帯びるものであって、事実に於て密教の教理は殆ど仏身の説明に終始しているといってよい。けだしすでにしばしば述べた如く、由来、密教では宇宙をそのまま六大法身の活動とみて、いわゆる人格的実在論を高調するものである。従ってかの六大四曼三密の教理は、単に教理の説明ではなくて、それはそのまま大日法身の説明になるのである。換言せば密教は三大説に立脚して、一応は宇宙の本体は六大、その形相は四曼、その活動は三密として説明するが、それはあくまで一面的な見方で、再応それを考察する時、その三大思想はそのまま宗教的実在たる大日如来の説明になるのである。いうまでもなく密教では哲学的本体を直に宗教的実在として眺めるのである。すなわち顕教が真如または法を以て単なる哲学上の原理とするに対して、密教ではそれをそのまま宗教的実在たる仏としてみていくのである。かの汎神論 (Pantheismus) では神即一切、一切即神といって、神と自然との一如を説いているが、密教からいえば、仏即一切、一切即仏である。大日如来を離れて一切はなく、一切は大日如来の外にない。一切は仏に出でて、また一切は仏に還るのである。大日は一切の初めであり、同時に、一切の終りである。すなわち大日如来こそ一切の生命の根源であると共に、一切は大日如来によってのみ生命がある。こうした意味において一般仏教の中において密教の仏身論は、それこそ文字通り特殊な位置を占めるのである。従ってすでに述べたる教理論の思想内容を十分に思索しないと、どうしても密教の仏身思想ははっきり理解できないのである。で、われらは六大四曼三密の教理をば、再びここに憶念することによって、仏身論に対する研究の歩を進めていきたいとおもう。

けだし一般仏教すなわち顕教における仏身論の中心はいうまでもなく釈尊である。三十五にして成道し八十にして入滅せられた釈尊、すなわち歴史上の釈尊が仏陀論の基調である。しかるにこれに対して密教では、理想上の仏陀、超歴史上の仏陀たる法身大日を以て、仏陀論の核心とするのである。故に前述の如く顕密二教の根本的相違は、つまり釈尊中心か、大日中心かの区別にある。この意味において密教における仏身論の考察は、結局、大日如来に対する研究に外ならないのである。すなわち大日如来の研究は、そのまま仏身論の研究であるわけである。で私はまず初めに大日如来への考察によって、密教はいかに仏陀を眺むるかの問題を明かしていきたいとおもう。

ところがここでぜひとも一言せねばならぬことは、釈尊と大日との関係である。歴史上の仏陀と、理想上の仏陀とはいかなる関係にあるかということである。端的にいえば大日と釈尊とは、同か異かという問題についてである。われらは大日如来の研究に入るに当って、まずこの問題から考察していかねばならぬとおもう。由来、仏教に於て仏陀といえば、何人も直ちに指を釈尊に屈するであろう。少くとも仏教は釈尊に初まり、釈尊を基調として発達したものである以上、釈尊を離れて仏教を論ずることは不可能であると共に、釈尊を度外視しては到底仏身の問題を論ずることはできない。しかるにそれにも拘らず、密教ではその釈尊を離れて大日の存在を説くのである。すなわち顕教は釈尊の説、密教は大日の説としてはっきり区別するのである。かくてわれらはここに明らかに一個の矛盾に逢着するのである。というのは大日と釈尊とは別体だといえば密教は仏教でないことになる。それかといってまた同体だといえば顕密二教の対弁ができなくなってしまう。だからわれらは、初めにどうしてもこの問題をあらかじめ明らかにしておかねばならない。さてこの問題を解決するに当って、われらのまず注意せねばならぬことは、釈尊はいかにして仏になられたかということである。歴史の教うるところによれば、釈尊は三十五歳にして初めて菩提樹下に成道せられたのである。故に菩提樹下成道以前の釈尊は、つまり人間としての釈尊であり、成道以後の釈尊は、まさしく仏陀としての釈尊である。ところでその釈尊の人間より仏陀への推移、換言すれば人より仏への転回は何によってなされたか。転身の契機(moment)は果して何であったか。もちろんこれの解答にはもとより種々あろう。しかし釈尊自らいわれている如く、(1)つまりそれは法(dharma)の体験によってなしとげられたのである。転身の一句はまさしく三世諸仏の師である所の法である。法の体得が釈尊をしてまさしく仏たらしめたのである。すなわちわれらはこの意味において、法そのものの上に重要なる意義と価値とを見出さねばならない。別言せば法において、仏陀の誕生とその存在とを認めねばならない。しかもここに於てわれらは、仏には自ら法身と生身との二身の区別あることを知りうるのである。いうまでもなく法身とは理想上の仏であり、生身《しょうじん》とは歴史上の仏である。一は時間、空間、因果の制約を超越したる仏である。一はそれらの範疇に制約されたる仏である。けだし、いままさしく問題とする大日と釈尊との関係は、つまり法身と生身との関係になるのである。

二

果してしからば法生二身の関係はどうであろう。けだし密教学界に於て古来多くの学者によって論議されている「大釈同異」の論争こそ、まさしくこの問題を取扱ったものである。で、いま私は大釈同異に関する論争の内容を説明することによって、この問題を明瞭にしていきたいとおもう。

一、大釈同体説(2)

これは大日と釈尊とを同一にみるものである。すなわち大日と釈尊とは、表面は別体なるが如きも、その実、釈尊を離れて大日はなく、また大日を離れて釈尊はない。畢竟二仏は二而不二なりというのである。別言せば釈迦牟尼（Śākyamuni）というも、毘盧遮那（Vairocana）というも、ただその名称の異なりで、その実何ら異なる所はないというのである。古来、主として台密系統の学者はこの説を主張している。

二、大釈別体説(3)

これは第一説と反対に大日と釈尊とは、あくまで別体だという説である。すなわち大日は法身、釈迦は生身である。大日は密教の教主、釈迦は顕教の教主である。大日は普門の仏、釈迦は一門の仏である。(4)また曼荼羅の上についてみるも、金剛界に於ける大日は、五仏の総主で中央に位し、釈迦は北方に一門の仏として描かれている。次に胎蔵界に於ける大日は中台に、釈迦は釈迦院の教主として描かれている。とにかく二仏はどこまでも別体だというのがこの説の主張点である。

いまこれらの両説を批判するに、すなわち第一説はあくまで歴史上の釈尊に基礎をおいて理想上の仏を眺めるに対して、第二説は理想上の仏陀を基礎として歴史上の仏を認めんとするのである。換言せば一は生身に立脚して法身をみ、一は法身に立脚して生身を眺むるもので、つまり一応は観点の相違であるということができる。しかるに再応これを吟味するに、両者いずれもその説く所に無理があるとおもわれる。いうまでもなく第一の大釈同体説は、法身と生身の一致を主張するものである。しかし事実においてそれは釈尊が中心で、生身以外または以前に仏陀の存在をゆるさず、一切を釈尊に還元してみるのである。すなわち生身が唯一の仏で、その他の諸仏はつまり釈尊の自覚内容を理想化し拡大化したるもので、それはどこまでも人間釈尊が中心である。従ってそれは歴史的には妥当であり、また常識としては何人も等しく認められる説である。ところで第二の大釈別体説は、法身と生身とをどこまでも対立的に区別するもので、結局は法身が中心である。従って法身大日以外の諸仏は、悉く普門に対する一門の仏としての価値があるのである。すなわちこれは第一説とは正反対に、すべてを大日に統一し、その大日法身の示現の相として生身を眺めるのである。故にどこまでも法身が主で生身は伴である。大日が本で釈尊は末である。而してこの説は宗教的意義は十分にあるとしても、歴史的にはどうも妥当とはおもわれないのである。ここに於てか私はこれら古来の両説を止揚することによって次の如く考える。

おもうにいまもしも第一説の如く、専ら釈尊を中心として仏教を眺め、顕密二教は悉く釈尊金口の説法なりとするならば、勢いそこには多くの無理が生じて来る。なんとなれば、由来、印度でも日本でも、一時大乗仏説非仏説の問題が非常にやかましく論議された。而してその中心の問題は、仏をば法身とみるか、生身としてみるかの問題になる。すなわち仏教をば単に歴史上存在の生身としての釈尊の説としてみる場合、小乗仏教はともかく大乗仏教は非仏説である。しかし、これを一歩進めて生身の本体たる法身の説法としてみていくならば、大乗は決して非仏説ではない。こうした意味で顕密二教についても同様なことがいえる。すなわち釈尊が親しく説かれた教説の中に、どこに密教的色彩が見出されるか。換言すれば、釈尊は菩提樹下成道の後、いつ、どこで密教を説かれたか、という問題が明らかにされないかぎり、密教は到底仏説ではあり得ないわけである。すなわち生身をどこまでも中心として、その生身の説法としてみていくならば、顕教はいざ知らず密教は非仏説である。こうした観点から眺めてもわれら密教徒としては、どこまでも法身を中心として、その法身の説法として密教経典の基礎を認めていかざるを得ないのである。しかもこれと同時にまた一方においてはこういうことが考えられるとおもう。それは法身の境界を体得したるものが、生身としての釈尊である以上、法身を離れて釈尊はない如く、また法身の世界もただ生身によってのみ開顕されるのである。法身自楽の境界は、ただ法をまさしく認めうる人によってのみ初めて了知されるのである。この意味に於て、釈尊は真に法をみた人である。法をみるものは真に我れ（釈尊）をみるものだと釈尊はいわれているが、真の釈尊こそ法であり法身である。故にたとえ釈尊は八十の寿を色身《しきしん》の一期《ど》として、滅を鶴林に示されたとしても、その本体たる如来の法身は、決して入滅と共に無くなったのではない。法身の世界はそれこそ竪《しゅ》には三世、横《おう》には十方に亙って永遠に不滅である。いわゆる時間的には無量寿（Amitāyus）であり、空間的には無量光（Amitābha）である。従ってかりにわれらは、生身の仏たる釈尊を基調として、奥へ奥へと思索の糸を辿っていけば、ついにやがては法身の堂奥に参ずることができるのである。この意味において、われらは法身の用として生身を眺めると共に、生身の体として法身を認めねばならない。かくて大日と釈尊とは畢竟、体と用、全体と部分との関係である。もちろん一応両者は区別されねばならない。しかし事実、体を離れた用はなく、部分を離れた全体もない。故に用より体に入り、分より全に進むことによって、初めてそこに真の意味と価値とが生じて来るのである。

以上は要するに第一第二の両説を批判し止揚することによって得たる卑見であるが、これが一番妥当なる見方であると考えられるのである。おもうに印度、中国の密教が主として大釈同体説により、教理の浅深によって顕密二教の対弁を試みたるに対し、わが大師が百尺竿頭一歩を進めて、法身説法の旗幟の下に顕密二教を峻別し、十住心の教判を組織し大成されたことは、まことに一大卓見といわねばならぬが、その生身に対する法身の位置はまさしく如上の説明によって自ずから明瞭にされるとおもう。いずれにしても顕密対弁の麁論門においては、あくまで大釈別体説をとるべきであるが、密々対弁の細論門においては、大釈同体説をとるべきで、それはやがて不二に立脚して而二を説くか、而二に立脚して不二を説くかの問題に還元されるのである。

以下われらは項を改めて、大日如来とはいかなる仏なるかを攻究していきたいとおもう。

註

（1）『別訳阿含経』巻五（大正蔵二、四一〇）にいう。
「過去現在の諸如来、未来世中の一切の仏は、これ諸の正覚はよく悩を断ち、一切、皆、法に依って師となす。」

（2）同体説の根拠としてみるべきものは大日釈迦は畢竟同体異名とみるべきもので、近くは『秘蔵記』に問答して、「釈迦即毘盧遮那なりとその心いかん」と問い、その答えとしては、「心王の毘盧遮那成仏する時には、無数の心主も共に成仏するが故に、この無数の心主各々各別にして、各々二迹を樹下に垂れて八相成道す」といい、また『付法伝』には「法報応化は体同にて用異なる」といっている。その他『出生義』『浄菩提心私記』等にも同体説の根拠とおもわれるものあり参照せよ。

（3）異体説の根拠とおもわれるものは高祖開山両大師の御撰述中にきわめて多い。詳しくは第二章顕密の教判の下をみよ。なお加藤精神教授は『大日如来の研究』において大釈同異の問題を論じ、森田龍僊教授はその論文集たる『真言密教の本質』の大釈同異考の一節にこの問題を取扱っている。

（4）密教にては大日と諸仏諸尊の関係を示すに、普門と一門の語を以てする。普門とは全体、一門とは部分の意味である。従って大日と諸尊との関係はつまり全体と部分との関係である。もっとも古来、普門と一門の関係を示すについて三義ありといわれているが、いま暫く第一義によって解釈したものである。なおこの語はもと『大日経疏』第一（大正蔵三九、五八二）の「この一門より法界に入ることを得れば、すなはちこれ普く一切法界門に入るなり」に出ず。

第二節　大日如来論

一

「神は説明できない。説明されたものはもはや神ではない」といった哲学者がある。

いま大日如来の研究に当って、われらはまずこの言葉を十分に味わっておきたいとおもう。いうまでもなく普通にわれらのもつ言葉は、もとより不完全な言葉で、それによって完全なる絶対者をいい表わすことはもとより不可能なわけである。ところがたとえ完全にいい表わすことはできぬとしても、われらは一応、神を説明しなければ、どうしても神そのものを知ることはできないのである。この意味において説明された如来、研究の対象となった仏陀は、もはや真の仏そのものでないとしても、われらはその説明された仏、言葉によって表現された如来によって、真実の如来の相を見出さねばならない。しかしそれは結局、永遠の相において、万物を眺め得る人にして初めて可能なのであるかも知れない。

おもうに大日如来とはいかなる仏であるかを知るには、まず大日如来の名義について考えていかねばならぬ。いわゆる名詮自性《みょうせんじしょう》で、名はよくその体を表わすものであるから、大日如来という名称を考えてゆけば、自然にそれがいかなる仏であるかを知ることができるのである。さていうまでもなく大日如来とは、摩訶毘盧遮那如来（Mahāvairocana-tathāgata）のことである。ところで何故にこの摩訶毘盧遮那をば特に大日と呼ぶかについて私どもはまず一応その問題から考察しておかねばならないとおもう。けだしこれについてはもとより古来種々なる解釈があるが、[1]いま主として疏家、すなわち善無畏三蔵によってこの問題を説明していこうとおもう。元来、疏家によれば、およそ摩訶毘盧遮那を大日というについて三種の理由がある。しかもその三種の理由がそのまま如来のもてる最も著しい性質を表現するのである。而してその三種の理由とは、一、除闇遍明。二、能成衆務。三、光無生滅の三義である。

いうまでもなくこれは太陽のもてる三つの大きい属性を現わしたものであるが、いま如来の性徳がこの世間の日に少分相似するというところから日に大（mahā 摩訶）の字を加え大日といったものである。

「世間の日喻《にち》とすべからず、但しその少分相似を取るが故に、加ふるに大の名を以つてして摩訶毘盧遮那といふなり」『大日経疏』第一（大正蔵三九、五七九）。

故に私は如上の意味に於て、いうところの疏家の三義を基調として、大日如来がいかなる仏であるかを述べていきたいとおもう。

二

まず第一に除闇遍明の義についてみるに、これは如来の智慧の徳をいったものである。すなわち如来の智慧の光明は昼夜、方処、内外などの区別なく、つねに一切処に遍満して、衆生の迷闇を照破するというのである。すなわちこれについて『疏』には次の如くいう。

「梵音の毘盧遮那とはこれ日の別名すなはち除暗遍明の義なり、しかるを世間の日はすなはち方分あり、もしその外を照らすときは内に及ぶことあたはず、明、一辺に在つて一辺に至らず、また唯し昼のみあつて光夜を燭さず、如来智慧の日光はすなはちかくの如くにあらず、一切処に遍じて大照明を作す、内外方所昼夜の別あることなし」『疏』第一（大正蔵三九、五七九）。

ところで一口に如来の智慧というが、その智慧とはいったいいかなる智慧であるかをここで説明していかねばならない。おもうに前にも述べた如く、仏教にいう智慧（jñāna）とは識（vijñāna）に対する語であって、因位を識と為し、果位を智というといわれている如く、智慧とは凡夫の知識ではなくて仏の智慧である。迷の知識ではなくて、悟の知識である。従ってこの観点から凡夫より仏への転身は、つまり転識得智という語によって表現することができる。(2) しからばいう所のその仏の智慧とは何か。密教では、この仏の智慧をば五智としてその内容を説明するのである。五智とは一、法界体性智（Dharmadhātu-svabhāva-jñāna）二、大円鏡智（Ādarśa-jñāna）三、平等性智（Samatā-jñāna）四、妙観察智（Pratyavekṣaṇā-jñāna）五、成所作《じょうそさ》智《ち》（Kṛtyānuṣṭhāna-jñāna）である。これについて『秘蔵記』(3)（『弘法大師全集』二、一〇）には五智を水に喩えて次の如くいう。

「水性の澄寂にして、一切の色相顕現するを大円鏡智に喩へ、一切の万像その水に影現して無高無下にして平等なるを平等性智に喩へ、その水中に一切の色相差別照了に現するを妙観察智に喩へ、かの水処として遍ぜざるなきを法界体性智に喩へ、一切の情非情の類、水により滋長することを得るを成所作智に喩ふ。」

すなわち法界体性智とは、法界を体性とする智慧、つまり法界に普遍する智慧である。故にそれは智慧の本体であるから、四智の中では総であり、全体である。而してこれは第九識（菴摩《あんも》羅《ら》識《しき》）

を転じて得る智慧である。

次に大円鏡智とは法界の万像を如実に顕現する智慧である。一切をあるがままに知る智慧である。すなわち仏の智慧をば清浄なる鏡に喩えていったもので、これは第八識（阿頼耶識《あらやしき》）を転ずることによって現われる智慧である。

次に平等性智とは、一切諸法の平等を知る智慧である。すなわち一切の諸法は千差万別であるが、事実それは悉く平等に立脚せる差別である。すなわち諸法は差別に即する平等なることを知る智慧である。而してこれは第七識（末那識《まなしき》）を転ずることによって得る智慧である。

次に妙観察智とは、諸法の差別を観る智慧である。けだし一切は平等なりというも、その相は依然として千差万別である。すなわち一切は平等に即した差別と認めるのがこの智慧である。而してこれは第六識（意識）を転ずるところに現われる智慧である。

次に成所作智とは、所作を成ずる智慧である。一切諸法において平等即差別の原理を体験するものは、やがて一切法に於て自在であり自由である。すなわち仏は一切法に自由であるから、意のままに化他の事業をなすことができるのである。而してこれは前五識（眼・耳・鼻・舌・身）の転ずる所に現われる智慧である。

以上は如来の智慧の世界を説明したものであるが、その五智を人格的活動としてみる場合、それはそのまま五仏となって現われるのである。すなわち法界体性智が五智の全体であって、四智は法界体性智の上における自利と利他、内証と外用の活動作用である如く[イ]、普門の仏たる大日如来は、ここに一門の仏としての四仏の相をとって現われるのである。いうところの五仏とは、いわゆる五智如来のことで大日（Mahā-Vairocana）阿閦《あしゆく》（Akṣobhya）宝生《ほうしょう》（Ratnasaṃbhava）弥陀（Amitāyus）不空成就《ふくうじょうじゅ》（Amoghasiddhi）の五仏である。すなわち五仏の中で阿閦仏は大円鏡智の徳に住して法界の諸法を明瞭に照見し、衆生の煩悩を退治して、衆生本具の菩提心を開発せしめ給う仏である。次に宝生仏は、平等性智の徳に住して、一切衆生の為に種々なる宝を雨ふらし、衆生の諸願を満足せしめ給う仏である。次に阿弥陀仏は妙観察智の徳に住して、衆生の為に説法断疑し、大慈悲を以て一切衆生を摂取し給う仏である。次に不空成就仏は釈迦仏のことで、この仏は成所作智の徳に住して、一切衆生の為に親しくこの土に相を現じて、摂化利生の活動をなし給うのである。

　而して以上の四仏は、つまり普門大日の総徳を別開したる一門の徳を司る仏である。けだし衆生の機根は文字通り千差万別であるから、大日如来は種々の身、種々の相を現じて親しく衆生を摂化し給うのである。従っていまここに五智といい、五仏というも、それは決して局限された五智でもなければ、また五仏でもない。すなわち五智はそのまま無際智であり、五仏はそのまま無量の諸仏諸尊の象徴である。すなわち密教では一切の心識を九識に統一し、その心識の転化し浄化されたるものとして五智を説くが如く、あらゆる一切の諸仏諸尊を五仏に総括し、更にこれを悉く普門大日如来に統一するのである。故に密教では諸仏諸尊その数無量といえども、すべて大日如来を離れてはない。いずれも普門の総徳を別開したる一門の尊であるわけである。

いま試みに九識、五智、五仏の関係を図示せば、

前五識	成所作智	不空成就如来
第六識	妙観察智	阿弥陀如来
第七識	平等性智	宝生如来
第八識	大円鏡智	阿閦如来
第九識	法界体性智	大日如来

但しこれは一応の配当で、各具五智無際智であるから大日如来の五智と同じく、他の四仏にも各々五智あり、その五智にはまた各々に五智を具し、かくて主伴具足重々無尽、一即一切である。故に無際智である。

以上は大日如来の除闇遍明の徳、すなわち暫く智慧の徳に約して如来の仏格を示したのである。次に進んでわれらは第二の能成衆務の義について考察しなければならぬ。けだし能成衆務とは如来の慈悲の徳をいったもので、あたかもその太陽が地上の一切の生物を平等に照して、各々その本来の性能を十分に滋長せしむる如く、如来の慈悲の光は、普く一切の衆生を差別なく平等に照らし、衆生をして各々その本来具有する性徳、すなわち本具仏性を発揮せしむるをいうのである。

「また次に日、閻浮提を行くに一切の卉《き》木叢林《もくしつりん》その性分に随って各増長することを得、世間の衆務これによつて成ずることを得、如来の日光も遍く法界を照らしてまたよく平等に無量の衆生の種種の善根を開発し、及至世間出世間の殊勝の事業これによつて成弁することを得ざるなし」『大日経疏』第一（大正蔵三九、五七九）。

由来、仏教にいう所の智慧と慈悲とは同意語である。智慧はそのまま慈悲であり、慈悲はそのまま智慧であって、両者は相即不二である。すなわち暫く自証の世界に約せば智慧というべく、外用の世界に約せば慈悲というべきである。故に慈悲の体は智慧であり、智慧によってのみ初めて慈悲の作用が生ずるのである。この意味に於て悲智は不離不即であるから、五智の上に現われたる五仏が、そのまま大日法身の慈悲の作用としてみることができるが、更にわれらはいわゆる四種法身説によって、如来の慈悲の境界を説明することができる。すなわちいう所の四種法身とは、

一、自性法身（Svabhāva-dharmakāya）

二、受用法身（Saṃbhoga-dharmakāya）

三、変化法身（Nirmāṇa-dharmakāya）

四、等流法身（Niṣyanda-dharmakāya）

である。さていま四種法身の内容を説明するに当って一言しておかねばならぬことは、密教に於ける仏身建立(5)である。すでにしばしば述べた如く、密教の仏身論の主体はいうまでもなく大日如来であるから、それはつまり唯一身説である。しかしその一は、いわゆる一にあらざる一で、無量を一とする一である。一切を内容とする一であり、無量と同意語の一である。一即多といった場合の一である。故に密教では大日法身一仏を立てると同時に、また一方では無量無辺の仏身を建立するのである。従って密教の仏身観は、多仏一身論であると共に、またそれは一仏多身論ということができる。もっともこれは次の両部曼荼羅に於て詳述するが、いずれにしても密教ではそうした無量の仏身を統一して、四種法身説をたてるのである。すなわち四種法身説によって無量無辺の仏身を摂

し尽すのである。しかもその四種の仏身は、各々大日如来を離れてないからいずれも法身の名を帯びているわけである。(6)

さて第一に自性法身《じしょうほっしん》とは、諸法の自性すなわち諸法の本体を以て内容とする三世常住の仏身である。それは一切諸法の本体であると共に、また諸仏諸尊の所依となる仏身であって、いうまでもなくそれは大日如来である。而して大日法身は六大法身であるから、これを理智の二方面から眺めた場合、理法身は前五大を内容とする仏身であり、智法身とは第六識大を内容とする仏身である。前者は胎蔵界の大日であり、後者は金剛界の大日である。しかも元来、理と智は、つまり能証の智と所証の境で、能所はもと不二である以上、自性法身たる大日如来に理智二法身が相対的にあるものではない。ただ法身の境界をば暫く理智に約して説明したるものに外ならない。

第二に受用法身とは絶対の自性の境界より相対の世界に顕現したる四仏（阿閦、宝生、弥陀、不空成就）の世界である。而してこれに二種ある。一は自受用法身（Svasaṃbhoga-dharmakāya）であり、一は他受用法身（Parasaṃbhoga-dharmakāya）である。自受用身とは自ら受用する身で、自性身の自利の世界を示したものである。自証の境地を自ら味わう仏身で、いわゆる自証三昧における仏身である。次に他受用身とは他によって受用せしめる身で、自性身の化他の世界を示したものである。而してこれは十地の菩薩のために法を説く仏身である。

第三に変化《へんげ》法身《ほっしん》とは地前の菩薩、及び二乗凡夫の為に、所化の機根に応同して法を説く仏身である。例えばかの釈尊の如く八相成道(7)の応化身である。

第四に等流《とうる》法身《ほっしん》とは、九界随類身ともいい、いわゆる等同流類の仏身である。すなわち仏形を以て衆生の為に法を説く仏身ではなく、かの観音の三十三身説法の如く、九界の衆生に随順し、種々なる形を以て説法度生する仏身である。従ってそれは密教独得の仏身であるわけである。而して両部曼荼羅における外金剛部院はこの等流身の世界を表示したものである。

おもうに以上の如く密教では仏身を四種に分類して説明しているが、しかしこの四種法身は帰するところ自性法身たる大日如来を離れてはない。暫く普門大日の慈悲の徳相を四種の方面より眺めたるもので、またそれは一面に於て大日如来の衆生に対する慈悲の徳を象徴したるものということができるのである。

以上われらは大日如来の徳相たる智慧と慈悲、すなわち除闇遍明と能成衆務の徳について考察し終った。で、われらは更に進んで本有常住の徳について研究したいとおもう。

次に第三に光無生滅の義とは、これは如来の本有常住の徳を指すものである。すなわちかの太陽が天上に在って常に下界を遍く照らすが如く、法身如来の色身もまた竪には三世に亙り、横には十方に遍満し、いわゆる時間的にも空間的にも永遠に生滅なく、久遠の過去から永恒の未来まで常恒不断に衆生の為に法を説くことをいったものである。すなわち『疏』にはこれを日に喩えて次の如くいう。

「また重陰昏蔽《こんぺい》して日輪隠没《おんもつ》すれどもまた壊滅するにあらず。猛風雲を吹いて日光顕照すれどもまた始めて生ずるにあらざるが如く、仏心の日もまた復《また》かくの如し。無明煩悩戯論重雲の為に覆障せらると雖もしかも減ずる所なく、諸法の実相三昧を究竟じて円明無際なれどもしかも増する所なし」『大日経疏』第一（大正蔵三九、五七九）。

けだし大日如来が三世常住の仏身であること、その色身は虚空に遍満し、その光明その音声は共に三世十方に遍満することは、すでに述べ来ったところであるが、つまりそれは大日如来の色身が六大であり、その形相が四曼であり、その活動が三密である以上、改めてここにその説明をまつまでもないことである。

これを要するに密教における法身すなわち大日如来は、まさしく一にして一切、一切にして一なる仏身である。いわゆる一切世間の所依として、且つ一切に遍在せる仏身である。それは時間、空間、因果の制約を越えたる無始にして無終の仏身である。主観的にいえば一切に内在せる仏身である。客観的にいえば一切を超越せる仏身である。この意味に於て法身大日は文字通り露堂々であり、赤裸々であるが、しかしいわゆる雷霆地を震えども聞く耳を持たぬ者は聞こえずである。経験的知識によってものを判断し、概念の知識によってものを批判する人にとっては、恐らくそれは痴人の夢に過ぎぬであろう。だがしかし、いったい、物それ自身（Ding an sich）の姿は、決して概念の智慧や、経験の知識によって知られるものではない。ただそれはものを本然の相《すがた》に於て見る人、スピノーザのいわゆる「永遠の相に於て」眺め得る人にして、初めてその真の相をみることができるのである。

かつて詩人ブレーク（William Blake 1757—1827）はいった。

「見よ、世界を一粒の砂に、野の花に天国を、掌の内に無限を、刹那に永遠を摑む。」

と、げに掌の内に無限を、刹那に永遠を摑む人こそ、まさしく赤裸々なる法身の相を認め、露堂々たる法身の説法を聴くことができるのである。しかも所詮それはただ「実の如く自心を知る」ことによってのみ初めて可能であるのである。

註

（1）摩訶毘盧遮那如来（Mahāvairocana-tathāgata）を大日如来と訳するのは、独り密教だけであるが、それは善無畏に始まるといってもよい。疏家は如来の徳を少分相似の故に世間の日に喩えて大日と訳すべきだとて、疏の中にその訳語の理由を挙げているが、金剛智などはこれを最高顕広眼蔵如来と訳している。（『金剛頂義訣』巻上。）（大正蔵三九、八〇八）。これについて宗家は『大日経開題』（全集一、六三六）に於て、

『毘盧遮那』とは或ひは日の別名といふ。除暗遍照を義とす。或ひは光明遍照といひ、或ひは高顕広博と説く。ならびに皆その義を得たり」といい、更に大（mahā 摩訶）について、竪横無辺際の故に（大）、数量過刹塵の故に（多）、最勝の故に（勝）、という三義を挙げて説明されている。いずれにしても毘（vi）は遍ねく、盧遮那（rocana）は照耀、光耀の義を有する語であるから、大日と訳することは義訳ではあるが、一等妥当なる訳語であろう。

（2）転識得智という語は、主として唯識学派で用いられる語である。しかし唯識学派は八識説であるから、識とは八識の意味である。しかるに密教は八識の根本として第九識菴摩羅識（Amala-vijñāna）を説くから九識説である。従って転識とは九識を転ずる意味である。しかし八識、九識いずれも果位(仏位)に対する因位（凡夫）における心識に名づけたものであるから、識を転じて智を得るとはつまり凡夫より仏に転化することである。この場合、転とはつまり醇化または浄化の意味である。

（3）『秘蔵記』（『大師全集』二、八）に五智を解説して次の如くいう。「五智とはいはく、一には法界体《ほっかいたい》性智《しょうち》、三密の差別数刹塵《せつじん》に過ぎたり、これを法界と名づく。諸法の所依なるが故に体といふ。法然不壊《ほうねんふえ》なるが故に名づけて性となす。決断分明なるを得るをもつて智となす。二には大円鏡智《だいえんきょうち》、いはく自他の三密辺際あることなし、これを大と名づく。具足して欠けざるを円といふ。実智高く懸けて万像影現するは鏡の喩なり。三には平等性智《びょうどうしょうち》、清浄の智水は情非情を簡《えら》ばざるが故に、彼此同如の故に、常住不変の故に、名づけて平等性智といふ。四には妙観察智《みょうかんざっち》、五眼高く臨んで邪正謬らず、因《よ》つてもつて名となす。五には成所作《じょうそさ》智《ち》、二利応作の故に所作といふ。妙業必ず遂ぐるは成の称《な》なり。」

（4）いまこれを図示せば左の如し。

五智
- 法界体性智——総
- 別
  - 内証（自利）
    - 大円鏡智
    - 平等性智
  - 外用（利他）
    - 妙観察智
    - 成所作智

（5）密教の仏身建立には、一身説、二身説、三身説、四身説、五身説等がある。一身説とは大日如来の独一法身を建つるものである。二身説とは大日法身を理（前五大）智（識大）の二方面に分って、理法身と智法身とを建つる説である。三身説とは法身の境界をば自証と外用とに分ちたるもので、いわゆる自性身、受用身、変化身の三身を建つるものである。四身説は前の三身に等流身を加えて四身とするものである。五身説とは四身の総体として法界身を建てる法相であって、これは興教大師の創見といってもよい。すなわち『五輪九字秘釈』(『興教大師全集』三一)に『聖位経』『礼懺経』等の文を引証して次の如くいう。

「また次に法身に五種あり。前の四身に法界身を併するが故に。曼荼羅に五種あり。前の四曼に法界曼荼羅を加ふるが故に。『聖位経』の偈にいはく、〈自性及び受用変化並びに等流、仏徳に三十六あり。皆、自性身に同ず。法界身を併するが故に三十七と成るなり。〉また『礼懺経』に自性身の外に法界身を立つ。これらの証文に依るに四身の外に法界身あり。法界身とは六大法身なり。」

いま試みに顕教の法報応の三身説と比較せば左の如し。

<table>
<tr><th>五種法身</th><th></th><th>三身</th></tr>
<tr><td>法界身</td><td rowspan="2"></td><td rowspan="2">法身</td></tr>
<tr><td>自性身</td></tr>
<tr><td>受用身</td><td>自受用身
他受用身</td><td>報身</td></tr>
<tr><td>変化身</td><td rowspan="2"></td><td rowspan="2">応身</td></tr>
<tr><td>等流身</td></tr>
</table>

(6)『異本即身義』五(『大師全集』四、七六)にいう。

「問ふ。既に自性及び等流等浅深不同の名あり。何ぞ皆、法身と名づくや。答ふ。且く竪の義につかば、不同の名ありといへども、しかもこの宗に立つる所の変化等流の仏はこれ法然有の仏なるが故に、彼の顕教の宗等に立つる所の本無今有の応化の仏には同じからず。また、横の義につかば、皆、これ毘盧遮那の具体法身なり。これを以て皆、法身と名づく。問ふ。既に四身浅深不同の名あり。今、何等の文証に依つてか、皆、法身の義を立つる。答ふ。文証巨多なり。今、且く、金剛頂分別聖位経に依つてこれを立つ。その文に云く、自性及び受用、変化ならびに等流、仏徳三十六、皆同じく自性身、ならびに法界身の故、三十七を成ずなり。」

(7) 八相作仏とも称し、釈尊の成道を中心として、初より終までを八大時期に分ちたるものである。一、降兜率、二、託胎、三、出生、四、出家、五、降魔、六、成道、七、転法輪、八、入涅槃をいう。

第三節　本地身と加持身

一

およそ真言密教は、大日如来の自証の境界を端的に説かれた教えである。すなわち大日如来が自受法楽の為に説かれたいわゆる証法である。故にそれは逐機《ちつき》の末教《まつきょう》にあらずして、称性《しょうしょう》の本教《ほんきょう》であることはいうまでもない。ところでここで問題になることは密教では法身をば自性、受用、変化、等流の四種法身とするが、いう所の如来の説法なるものは、その中いずれの位にあるやということである。しかるにこれに対する解答はもとよりきわめて簡単である。すなわち四種法身についていえば自性法身である。しかもこの自性法身の説法を主張する所に、少くともわが密教の根本的立場があるのである。なんとなれば前述の如く、[1] およそ顕密二教の著しい相違点はその教主の異なりである。顕教は釈迦の説、密教は大日の説、一は応化の仏であり、一は法身の仏である。これが顕密二教対弁の根本的相違であった。けだし顕教の立場からいえば、法身は宇宙の真理たる法そのものであるから、唯理としての仏である。従って法身には色相もなく、また説法もない。いわゆる無色、無形、無説法である。これに対して密教はあくまで法身には色もあり、形もあり、説法もあると主張するのである。すなわち密教からいえば法身とは理智不二、人法一致の人格的実在たる大日如来である。すなわちそれは六大所成の法身仏である。その体は六大、その相は四曼、その用は三密であるから、当然法身に色形説法のあることはいうまでもない。われらはただ見えないとか聞こえないとかいう理由よりして、その存在を否定し、その存在を認めないということは、あまりにも井蛙管見であるといわねばならない。

かくて密教では法身の説法を説き、その法身は四種法身の中の自性法身であるということは、一般に等しく承認されていることではあるが、この自性身を説明するに当って、初めてここに一個のきわめて困難なる問題が生ずるのである。すなわちいうところの自性法身は本地身なるか、加持身なるかという問題がそれである。ここに密教教理史上有名なる本地身説、加持身説の論争、換言すれば古義真言宗の自証説学派と、新義真言宗の加持説学派との対立が生ずるのである。私どもはここで順序として一応この問題について、研究の歩を進めていかねばならない。

けだしこの問題の起こる原因についてはもとより種々あるが、(2) その最も直接な原因は、『大日経』の教主に対する善無畏の解釈の相違からである。すなわち『大日経』の教主を眺むるについて、善無畏は一面に於ては本地身とみ、一面に於ては加持身と解するが如くにみえる。

「薄伽梵（Bhagavān）すなはち毘盧遮那本地法身」『大日経疏』第一（大正蔵三九、五八〇）。

「爾の時に世尊往昔大悲願の故にしかもこの念を作したまふ、もし我れ但しかくの如くの境界に住してはすなはち諸の有情これを以て益を蒙ることあたはじ、この故に自在神力加持三昧に住し」『疏』巻一（大正蔵三九、五七九）。

いうまでもなく前者は本地身説の典拠とせられるものであり、後者は加持身説の根拠とせられるものである。もっともこの外、本加両説に亙りてその例証はきわめて多いが、とにかくここに掲げた『疏』の文は最も古来有名なるものである。以下、私は両者の所説の梗概を述べ、最後に本加両説に対する批判を試みたいとおもう。

二

まず初めに本地説を主張する自証説学派について一瞥しよう。

さて本地身説の根本的立場は、密教の教主は加持身ではなくて本地身なりというのである。従って四種法身についていえば、本地身は自性法身で、受用、変化、等流の三身は加持身なりというのである。なんとなれば元来、密教は大日如来の直説である。しかもその大日如来は、あえて疏家の「毘盧遮那とは本地法身なり」という説明をまつまでもなく、それは四身中の自性法身すなわち本地法身なることは、いわゆる理在絶言である。説明を要せざる自明の理である。いまかりに『疏』に大悲願の故に自在神力加持三昧に住して秘密の境界を説くといっても、それはなにも自性が加持身であるという証拠にはならない。ただ本地法身が加持三昧（獅子奮迅三昧）に住せられたというだけで、自性身がそのまま加持身だということはできない。次にまた自証の極位に説法がないというが、それは顕教の立場からみた議論で、密教本来の立場からいえば、自証の極位には法爾に六大、四曼、三密の三大が宛然として存するのである。すでに体があり、相がある以上、その用がないというわけはない。端的にいえば三密の一たる語密の説法がないという理由はない。[3] 元来、法身説法ということは、本地身すなわち自性身の説法ということなのである。で、つまり本地身とは自性身のことで、加持身とは瑞相の三身といわれる受用、変化、等流の三身を指すのである。一は能現であり、一は所現である。一は説者であり、一は聴者である。一は曼荼羅中台の尊であり、一は曼荼羅外三重の諸尊である。かくて自証説学派たる古義にては、自証の極位と加持世界との二重分別によって、本地身と加持身との区別を説いているのである。而して古来本地身説を主張したる学者は多いが、その正しき代表者は高野山の宥快（A. D. 1345—1416）で、詳しくはその著『宗義決択集』第九（大日経主の一段）についてみるべきである。[4]

いま試みに本地説の主張を図示せば左の如くである。

自性身—本地身—能現—説者—唯仏与仏境界—絶対—曼荼羅中台—自証極位
余三身—加持身—所現—聴者—対因人世界—相対—曼荼羅外三重—加持世界

次に加持身説を基調とする加持説学派についてみるに、加持説では密教の教主は本地身にあらずして加持身なりと云うことは申すまでもない。而して四種法身に約していえば、受用、変化、等流の三身ではなくて、まさしく自性身中の加持身なりというのである。従ってそれは自性身の中に本地身と加持身との二身を認めるわけである。なんとなれば『疏』に毘盧遮那とは本地法身なりといっているから、一応は本地身と認めることが、いかにも妥当であるようにみえるが、しかしそれはあくまで一応の沙汰である。再応『疏』の文を眺めた場合、われらは『疏』の初めに「かくの如き境界に住せば、すなはち有情益を蒙ることあたはず」といい、更に、「この故に自在神力加持三昧に住して云云」と説いているではないか。いうまでもなくこの一文は自証の極位は、いわゆる「説者無言、観者無見」で、説く者もなく、また聴く者もない、いや説くこともできなければ、また聴くこともできないのである。しかもそうした絶対の境地をば、如来が神変不可思議の加持力によって説かれたものが、とりも直さず真言の法門で、その説かれたる仏身はすなわち加持身なのである。ところでこう説明すると加持身は、いかにも受用、変化、等流の瑞相の三身の如くみえるが、決してそうではない。本地説では上述の『疏』の文をば瑞相の三身として解釈しているが、瑞相を示現することは経を説かんが為に、まずその奇瑞を現ずるのである。しかるに自証の位にてこの経を説き、次に更に瑞相を現ずるということは道理ではない。この意味に於て密教で法身説法というのは自性身の説法ではあるが、そのいわゆる自性身の中に本地身と加持身との二身があるので、説法は加持身に於てのみ初めて可能である。次にまた本地説では、六大法身をそのまま本地法身といい、自証の極位には三大の相宛然として存するが故に説法ありといっているが、元来六大そのものはただ性の六徳たる堅、湿《しゅ》、煗《なん》、動、無碍《むげ》、了別の徳性があるのみで、それはつまり無色にして無形である。従って本地身に微妙の色形あることは、四曼相大の上において論ぜらるべきだと主張しているのである。で、こうした意味に於て、かの本地説が自証の極位と加持世界との二重分別によって説明するに対して、加持説では、自証の極位、加持門、加持世界の三重分別によって、加持説の立場を明らかにしているのである。[5]すなわち本地身と加持身とを自性身の中に認め、これを「絶対」と「絶対の相対」とし、更に相対所現の身として受用、変化、等流の三身をみていくのである。

而して加持説は古来幾多の学者によって論ぜられているが、その正しき提唱者は根来山の頼瑜（A. D. 1226—1304）で、その大成者は聖憲《しょうけん》（A. D. 1307—1392）である。[6]詳しくは聖憲の『大疏第三重』『自証説法十八段』等をみるべきである。

いま加持説の立場を図示せば左の如くである。

- 自性身
  - 本地身―絶対―能現――――無説法―自証極位
  - 加持身―絶対の相対―能現―曼荼羅中台―説者―加持門
- 余三身―加持身―相対―所現―曼荼羅外三重―聴者―加持世界

三

以上、私は教主に関する古来の異説たる本地説と加持説の梗概、ならびに古義の自証説学派、新義の加持説学派の重なる相違点について、きわめて簡単ながら一応これを紹介し終った。で私どもは最後に両者の立場に対する批判を試みたいとおもう。ところで、いまその批判をなすに当って、まず私どもは古来の先徳が本加両説に対して採られた態度について一応研究しておく必要がある。けだし真言密教の教主たる自性法身をば、本地身とするか加持身とするかについて親しく研究した学者は、和漢東台両密に亙りてその数はきわめて多い。すなわちかの高野の有快は『十九人異義』に於て十九人の異説を挙げ、妙瑞は『大毘盧遮那成仏経本地恒説義』に於て十四説二十二家を出だし、更に『薄伽梵大金剛阿闍梨法性大日義』には二十八家の説を掲げている。近くまた智山の林田光禅師は、教主義に関する古来の諸種の文献を調査し、その著『教主義合纂』[7]に於て三十五人の異説を挙げているが、いまその中で両者の調和説を主張せられたものとしては、戒壇院慧光、五智山道空、五智山曇寂、八事山弘道、豊山法住を挙げることができる。しかもこれらの五家の中で、最も有名なるものは実に豊山の法住（A. D. 1722—1800）である。すなわち法住は従来の諸家の調和説を集大成することによって、巧みに本加二説の調和を提唱しているのである。で、私は暫く法住によって改めて本加二説の思想内容を検討してみたいとおもうのである。

さて法住の学説はその著『秘密因縁管弦相成義』上下二巻、特にその中の第四、第五、第八の三門にこの問題が明らかに出ている。[8] すなわち法住は従来の調和説に慊《あきた》らずして、一歩進んで一多法界説によって両者の調和を企てんとしたのである。けだし一多法界説とはすでに教理論で述べた如く、[9] つまりそれは一具説（六大体大の位には性の六徳のみありという説）と多具説（六大体大の位には性の六徳のみならず種々なる属性ありという説）のことである。すなわち一法界説とは一具説に立脚せるもので、実在の世界、理法界は全一平等にして無相空寂なりという見方である。これに対して多法界説は多具説に立脚するもので、実在の当相には差別の諸法歴然として存すという見方である。一は遮情門の立場より法界を眺め、一は表徳門の観点から法界をみたものである。換言せば一は実在に対する否定的説明であり、一はその肯定的説明ということができる。而していまこれらの両説を比較してみるに、それは一見いかにも氷炭相容れざる様であるが、仔細に考察した場合、それはつまり一法の両義に過ぎないのである。なんとなれば元来、真言密教の旗印はしばしば述べた如く、当相即道、即事而真である以上、一即一切であり、一切即一である。いうまでもなく一とは実在であり、一切とは現象である。実在を離れて現象はなく、現像を離れて実在はない。実在そのままが現象であり、現象そのままが実在である。故に現象を中心としてみれば多であり、実在を中心としてみれば一である。一多相即不二であるかぎり、一法界と多法界とはつまり観点の相違である。いずれを是とし、いずれを非とするわけにはいかない。両者相まって法界の実相を完全に表現することができるのである。けだし『吽字義《うんじぎ》』における次の一文は最も巧みにこの間の消息を物語っている。

「同一（一法界）にして多如（多法界）なり、多の故に如如なり、理理無数にして、智智無辺なり。恒沙も喩にあらず、刹塵もなお少《すくな》し。雨足多しといへども、ならびにこれ一水なり。燈光一にあらざれども、冥然として同体なり。色心無量にして、実相無辺なり。心王心数、主伴無尽なり。互相《たがい》に渉入して、帝珠・錠光のごとし。重重難思にして、各々五智を具す。多にして不異なり、不異にして多なり。故に一如と名づくれども、一は一にあらざるの一にして、無数を一となす。」

おもうにかの法住は、実にこの一多法界相即不二の立場よりして、まさしく本地、加持両説の会合を試みたものである。すなわち法住によれば両部大経の中『金剛頂経』の法門を伝える金剛智の教系は瑜伽派の系統で、それは縁起論に立脚せる多法界説である。これに対して『大日経』の法門を伝えたる善無畏の教系は中観派の系統で、それは実相論に立脚せる一法界説である。[10] 而していま一法界説を基調として眺むれば本地無説加持説法の義が成立つ。これに対して多法界説を中心としてみれば、自証の極位における本地身の説法の義は成立するのである。しかも理智は不二であり、一即多である以上、それはどこまでも一法の両義、一義の左右に外ならない。次にまた『金剛頂経』は自受法楽の説、『大日経』は極位不説などといって、本加二説の調和を主調するものもあるが、それもまた、つまりは一個の偏見である。なんとなれば『大日経』にも自受法楽の義趣があれば、また『金剛頂経』にも極位不説の義趣がある。従ってただこれを一方にのみ限定することは妥当でない。所詮は上転門の上からいえば、それは自受法楽自証説法といわねばならぬが、下転門の立場からいえば、その自受法楽の境界は機の及ばざる所であるから、ここに自証不説加持説法といわねばならない。かくて法住はこの見地よりして、上転二重（自証、加持世界）下転三重（自証、加持門、加持世界）の位をたてたのである。この意味に於て法住は本加の一偏に執するは両部の大経に違背するものとしてこれを否定し、ここに積極的に且つ合理的に本加二説の融和統一を企てたのである。[11] 以上はこれ法住の会合説の梗概である。最後に私はいささかこれに対する卑見を述べてみたいとおもう。

四

けだし法住の批判によっても明らかなる如く、本地、加持の両説はもちろん決してそれは永遠に平行の二線ではない。なんとなれば元来、自証説にせよ、加持説にせよ、それはいずれも密教不共《ふぐう》の説たる法身の説法は互いにこれをゆるしているのである。ただ問題は四種法身の中に於て、自性法身をそのまま本地身とするか、それとも自性身中に本地身と加持身とを認めるや否やの問題である。換言すれば自証の極位に果して説法ありや否やの問題である。ところでいまかりに自証の極位には説法なしとすれば、密教独自の主張たる法身説法の論拠が甚だ明瞭を欠くようになる。すなわち密教の教主大日如来は、その体をいえば六大、その相をいえば四曼、その用をいえば三密である。六大四曼三密はつまり大日法身の本来の姿である。従って密教の立場からすれば、当然自証の世界に法身の常恒不断の説法を認めねばならない。この点よりすれば、本地説の方が密教不共の世界をば最も積極的に表現しているものというべきである。

ところが更に一歩進んで考えるに、顕教に対して密教の特色をいう場合には、いかにも自性法身の説法を主張すべきではあるが、しかし密教それ自身の立場に於てみた場合、本地説が主張する如く自証の世界にも迷人があり、そこに対機の説法があるとは考えられない。なんとなれば、自証の極位は「唯だ独自に明了、余人は見ざる所」であるから、説法があるとしても、それはいわゆる法身の自受法楽であって、機に対して説かれたる随他意の説法ではない。故に因位の迷人にとっては、結局それは彼岸の世界のものである。従ってあるべきものすなわち当為（Sollen）の立場からいえば説法はあるといっても、あるものすなわち存在（Sein）の立場からいえば説法はないといってもよいのである。すなわち説法ということを文字通りに解釈していけば、たとえ法身の説法は、いわゆる機に対する説法の意味ではないとしても、自証の極位には説法がないとみる方がいかにも妥当であるようにおもわれる。それかといって、説法の主体たる加持身をば、自性身に対する受用、変化、等流の三身とすれば、それこそ顕教の報応二身の説法との区別が判断せぬ様になるから、どうしても自性身中の加持身といわなくてはならないのである。もっとも加持身を自性身の加持応現の身として、受用、変化、等流の三身に配当しても、あえて密教の特色が失われるというわけでない。いや却ってそこにまた異なった特色があるかも知れない。なんとなれば、元来、四身は大日如来の普門示現の身であるから、顕教にいうが如き仏身ではなくいずれも法身なのである。この意味に於て、本地説を主張する人々が、自証加持の二重分別によって加持身を余他の三身に配するばかりでなく、唐の覚苑を初め慈覚、智証、安然などの台密系統の人たちも、みな悉く加持身をば三身のいずれかに配当しているのである。(12)特にかの五智房融源の如きは、最も端的に我すなわち両部の教主であるとまでいっているが、この「我」の解釈のいかんによって、そこに却って教えられる多くのものがあるのである。しかるに加持説の提唱者たる頼瑜、聖憲などは、どうして従来のそうした説に満足しなかったというに、もちろんそれにはいろいろ事情もあるが、批判的立場からいえば、要するにそれは高野の学説に対する根嶺《こんれい》（根来山のこと）の学説の樹立であったのである。すなわち従来の行き掛りで新たに根来の学派をたつるにはどうしても従来の学説と異なった特色ある学説を提唱しなければならなかったのである。

是に於てか頼瑜はまず多法界説に対して一法界説を表とし、ここに大日経及びその疏に著眼し、且つ観賢の「加持身者曼荼羅中台尊」（『大疏抄』上）という一句にヒントを得、ここに自性身中に本地身・加持身あることを提唱されたのであって、これを集大成されたのはいうまでもなく聖憲である。しかし加持説における自証、加持門、加持世界の三重分別は、これを客観的にみた時、それはいささか煩瑣の嫌いがないでもない。故にその点になると、やはり自証、加持世界の二重分別の解釈がきわめてはっきりしている様におもわれるのである。

けだしこうした意味において、両者はどこまでも各拠一義で一偏に執するは不可なりと云ったのは、実に上述の会合家の人たちである。すなわちかの戒壇院慧光の如く、如来辺に約せば本地身、衆生辺に約せば加持身なりと会通するものもあれば、また五智山道空の如く、『金剛頂経』は自受法楽の説、『大日経』は加持身の説なりとするものもあり、また五智山曇寂の如く、能化に約すれば一切の仏は本地身、時間に約せば一切の仏は加持身なりとするものもあれば、また八事山弘道の如く、大智に約せば本地身説法、大悲に約せば加持身説法なりとして、各々種々なる方面より会合調和を企てた人は随分多いが、かくの如き[13]従来の諸説をいずれも未了の説として、ここに百尺竿頭一歩を進めて、一多法界の思想よりして本加両説の調和を試みんとしたるものは、実にかの法住であったのである。おもうにわが『管弦相成義』二巻こそ、単に本加二説の批判に対する貴重なる文献たるのみならず、それは実にわが密教教理史上に於て文字通り一エポックを画するものというべきであろう。

これを要するに本地、加持の説は、両者いずれもそれぞれ相当の理由と根拠がある。一を非としてこれを否定し、一を是としてこれを肯定することはできない。畢竟、密教の教主は両者の説を止揚(Aufheben)するところに現われるのである。すなわちそれは単なる本地身でもなければ、また単なる加持身でもないと同時に、それはまた本地身でもあり、加持身でもあるのである。すなわち智山の浄空(A. D. 1693—1775)がいっているように、[14]密教の教主は本地身とか加持身とかに限定して考えることがそもそも間違いである。本地を動ぜざる加持であり、加持に即した本地とみることによって、初めて高祖、開山両大師の真意に契当するのみならず、そこに密教の教主がはっきりして来るのである。問題は調和や折衷でなくて、いわゆる高次的統一によって現わされる両者の止揚でなければならない。故にわれらのまさしく採るべき態度は、かの、法住のいうが如き一多法界の単なる調和でなくて、一多法界の高次的統一である。われらは本加二説の止揚によって、そこに初めて密教の教主の真相を見出すことができるのではあるまいか。[15]

註

(1)　第二章教判論、顕密二教の教判の下を参照せよ。

(2)　林田光禅著『教主義合纂』「教主義雑筆」中には教主異義の別れるについて、次の如き五種の理由を挙げている。一、疏に両方の文言あること。二、四身説の影響。三、一法界多法界説の影響。四、両部不二説よりの影響。五、台密及び華厳よりの影響。詳しくは同著付録八頁を参照せよ。

(3)　『宗義決択集』第四にいう。「次に、果分不可説と異なり、自宗にして果分不可説を談ずるは、果海に六大四曼三密を立つるが故に、果海に既に三大あり、豈に声字なからん哉。」

(4) 古義の本地説は宥快によって代表されているが、それは高野の法性、道範等の学説を集大成したるものである。彼は『十九人異義』一巻において、古来の教主に関する異説を挙げているが、自証説は宥快独自の見解ではなくて、従来の本地説を統一し綜合したものである。而してその著『宗義決択集』二〇巻は自証説学派に於て最も権威あるものとして尊重されている。

(5) 加持説における三重釈の典拠は、『不思義疏』(『大毘盧遮那経供養次第法疏』下)(大正蔵三九、八〇七)にいう。「問ふ。阿誰《たれ》か、本法に向って本不生を造るや。答ふ。三種あり。一には秘密釈、二には秘密中の秘釈、三には秘々中の秘釈。(中略)三に秘々中の秘釈とは、本不生の理に自ら理智あり、自ら本不生を覚るが故に。」という。けだし新義所立の四重秘釈すなわち有相の無相、有相の有相、無相の有相、無相の無相の説は、まさしくここにその端を発するものである。試みに図示せば左の如し。

有相の無相	遮情	浅略
有相の有相—有相劣慧の機に対する法門	表徳	深秘
無相の有相—無相勝慧の機に対する法門		
無相の無相—自証の極位		

(6) 頼瑜の学説はその著『大日経疏愚草』二五巻、『大日経疏指心鈔』一六巻等によって見るべく、『指心鈔』第二、二丁に次の如くいう。

「しかるに、古徳、自性身中に加持身あることを知らず。或ひは本地自証の説をいひて、経疏の自証無言文を害す。或ひは他受応化の説をいひて、顕教の三乗一乗の仏に同ず。恐らくは疏家の深旨を隠し、宗家の本意を失せんか。まさに知るべし、中台の尊を以ての故に、大師の自性身説法の義を壊せず。また、加持身を以ての故に、疏家の神力加持三昧の説に違せず。疏の中に本地法身をいふは先づ能現の本地身を挙げて今の教主の所依となす。」

次に聖憲の学説はその著『大疏第三重』『自証説法十八段草子』等を見るべく、『十八段草子』に自性身中の本地、加持の二身について、次の如く三重の説を掲げている。

「次に中台大日を以て本地法身をいふ事、三つの会釈あり。一には神変、自性を改めざるが故に、加持身を以て本地といふ。これ、顕密対弁の意なり。顕の神変応用は随染業幻の所作なるが故に、自性を改む。今の加持身は機情の所変にあらず。直に自性本身の上の加持の用なるが故に、自性を改めずといふなり。二には相望重々の故に。自性に対して加持の末をいふべし。加持世界に望めば本地身といふなり。――三には中台大日に於て相待絶待の二義あり。外の三院に流現せざるの時は自証の大日なり。三重の流現の後は加持の大日なり。故に処々の疏釈は中台を以て自証となす。外の三院を以て加持となす。」

ちなみに『十八段草子』一四丁においては、第二の相望不定の会釈は、違理の会釈なりとして用いずといっているから、古来、智山に於ては第二義を不正義としている。

（7）　林田光禅著『教主義合纂』中の「教主義雑筆」には、三十五家の学説を挙ぐ。参考の為、煩を恐れずこれを掲げておく。

○随他加持身
- 慈覚大師―自受用
- 智証大師―自受或いは他受用
- 安然和尚―自受、他受、他受変化
- 覚超僧都―他受用
- 異朝覚苑―他受用、他受変化
- 光明山重誉―他受用
- 高野隆恵―随他加持身
- 高野山真弁―随他加持身

○通四身
- 中院信証―随自四身
- 中院実範―通互四身

○自性本地身
- 貞観寺真雅―五輪成身位
- 南池院源仁―本有細徳位
- 仁和寺済暹―能加自性身
- 三宝院勝覚―六大本有極処
- 法性院法性―理身住智身
- 三智院道範―六大不二、三点（理、智、事）具足仏身

- 蓮花院俊晴—自性本地身
- 本幡真空—理智加持事身
- 妙浄上人—本地身
- 杲宝法印—本地身
- 宥快法印—本地身

○両方に見らるるもの
- 観賢僧正
- 興教大師

}会通して自説の人とすべし。

○我即両部教主—五智房融源—四種法身共陳斯道なれども実は自己が教主なり。

○自性加持説
- 頼瑜僧正
- 聖憲僧正

}自性身中ノ加持身

○二身並取説
- 大楽院信日
- 松尾山等空

}教主に本加あり。

○会合説
- 戒壇院慧光—如来辺、衆生辺
- 五智山道空—金剛本地、大日加持
- 五智山曇寂—能化、所化
- 八事山弘道—大智、大悲

┌豊山法住─上下二転
│┌智山浄空─新古を離れんとす。
○超然主義─┤
　└豊山戒定─新古を破す。

(8)『管弦相成義』は上下二巻十門より成る。十門とは一、秘密因縁倶成門。二、三大本修即離門。三、一多事理倶密門。四、理智両部顕現門、五、秘密一乗建立門。六、所被機根差別門。七、所行位断証門。八、所得五智四身門。九、説法主伴時処門。一〇、三国事教流転門である。而して法住の教主観は本書の所々に散説されているが、その最も明白に現われているものは、第四理智両部顕現門、第五秘密一乗建立門、第八所得五智四身門などである。

(9) 第三章教理論・六大体大論参照。

(10)『管弦相成義』第四理智両部顕現門にいう。「時に中天竺の護法・戒賢、相継いで瑜伽唯識の相を布教す。種々別々の識性、多きに随ひ、我が多法界門に相似す。金(剛)智三蔵、伏膺習学し、幾くならずして後、金剛頂(経)を伝ふ。金剛の智火上りて燃え、多界の相増すに時機に違せず。訳すればすなはち飜語はほぼ相論に近し。清弁、智光は一真如の海、宗教は泓蕩として南天竺に溢る。(善)無畏三蔵、彼《かしこ》に遊泳して源を尋ね瀬りに大悲胎蔵を汲む。悲水、下について教風、時を逐ふ。擬儀の勢、蓋し止むことを得ず。故に訳辞を取る。中・百論に於て、釈語、頗る智度の性相に憑る。布化、然りといへども生処、これに反す。真俗互ひに資け、冥、不二を彰す。この故に、金(剛)智、我れ本より言あることなく但だ利益のみの説あり。（善）無畏、法位の極致を説き、所説の比類なきをいふことある等、後にまさに審かにすべきが如し。祖々詎んぞ片輪ありて行ぜんや。ただ語路、世に順ずることあるのみ。—まさに知るべし、大日経疏は多分、一法界の流現に約するが故に、加持相承の学はほぼ見るべし。古判は迂にして穏ならざるを以ての故に、別に私解を加へ、以て自証説法の文義を成ず。皆、まさに評すべきが如し。」

(11)　同書第五秘密一乗建立門にいう。

「もし行者の進修証入に約すれば、すなはち多法界門を成立す。加持世界は一門・普門、有相・無相の円壇を修成す。千品万差種々の精勤、自証の行窮むれば不二心を証す。この一門、この普門、この一相、この無尽は四曼の別相を改めず。合して一印法界に入りて、顕現せざるはなし。——これ諸相を全うするの実相印なるが故に。これを極位の自証説法と称す。毘盧の心肝、灌頂の要領なり。醍醐の事相、野山の教相、職してこれに由る、誰か敗れて疑ひを容れん。——もし未来の機縁に対望して法門流現の義次差別を論ず。己の証法に於て他機の不及と及、遠近と与なり。既にこれ三重なり。この故に、成仏を釈していはく、しかれば、この自証の三菩提は一切の心地を出過す。——極位の不説の秦鏡は譬にあらず。広沢は一法界を襲承す。根嶺の不説はこれに由って成立す」といい、更にその結論として、

「証入は体に即し、相は無相となり。法体分たず二重にして足る。流現は他に従って不及と及との義を分弁す。次に義は必ず三重なり。体具さに説あり、縁亡じて説かず、野根の所承、各々、一義に拠る」

という。

(12) 融源の『覚源鈔』下末に次の如くいう。

「本地法身は我等衆生の大日なり。―次に加持身とは曼荼羅所現の大日これなり。もし一曼荼羅に付て、本地加持を分別せば、八葉中台は本地身、余の三重は加持所現の身なり。―本地身は加持身に住して説き、加持身は本地身に住して互ひに自受法楽す。我等もまた曼荼羅の聖衆なり。豈にこれを説かざらんや」(『教主義合纂』付録一五所引)。すなわち融源は深秘釈の立場からわれらを以て直に大日経の教主とする。古来、教相の説明を事相で説いたものだといわれているが、密教の思想を尅実して端的にいえばまさしくかくいうべきで、しかもここに深甚なる意味がある。

(13)『教主義合纂』付録二〇―二四参照。

(14) 浄空は智山第二〇世の能化である。その著『大毘盧遮那心地法門』一八巻は、法住の『管弦相成義』に匹敵すべき名著であって、その中に真言の教主は本地身とか加持身とかのいずれにも限定すべきでなく、本地に即する加持、加持に即する本地なることを主張されているが、それは従来の学説に対する止揚説とみられるとおもう。而して『心地法門』は元来写本であるが、その教主観は第一、第二の二巻に出ているのであって、それは林田光禅編纂の『教主義合纂』の中に載せてあるから披見するに便利である。

(15) 高祖大師の教主観は、諸種の御選述中に所々に散説されているが、それは本加の両説いずれにもみられるのである。従って古来異説が多いが、われらはやはり亮海が『毘盧遮那教主古今異説集』でいっている如く、一方に偏してみることは妥当ではないとおもう。

次にまた開山大師にしても、普通は新義派の祖とするところから、加持説を主張せられた様にみえるが、しかしそれは誤りで加持説のまさしき提唱者は頼瑜である。すなわち開山も高祖と同様に本加両説のいずれにもみられるのである。故に自証学派では開山を本地説の人とし、加持学派ではまた加持説の人とみるのである。いずれにしても高祖開山の教主観には、本加の両説が孕まれているのであって、一方に偏して考えるのは不可であるといわねばならぬ。

もっともこの事について種々論ずべきこともあるが、詳しくは『教主義合纂』の付録を参照されたい。

第四節　両部曼荼羅

一

すでに述べたる如く密教では宇宙の本体を六大とし、更にその六大をば宗教的実在たる六大法身としてみるのである。従って法界のあらゆる事々物々は悉く六大所成である以上、それはやがて六大法身さながらの相である。而していまその六大を色心に分つならば、地水火風空の五大は色であり、識大は心である。しかも色は単なる物質的存在ではないと同時に、心もまた単なる精神的存在ではない。色心はそのまま如来の理智であるから、前五大は理法身の象徴であり、識大は智法身の三摩《さんま》耶形《やぎょう》である。げに色心異なれどももと一如であり、理智異なるといえども本来不二である。理を離れて智はなく、心を離れて色はない。[1] 対立のままが統一であり、統一のままが対立である。而してこの不二統一の当体こそとりも直さず六大法身たる大日如来である。おもうにいまここに研究せんとする両部曼荼羅[2]とは、実に大日如来の理智の境界をば未悟《みど》のものに開示せんが為に、特に図絵の象徴を仮《か》りてこれを表現したるものである。この意味に於て両部曼荼羅はいわゆる宗教の芸術化であって、それは深甚なる宗教的真理の世界をば芸術的表現によってこれを象徴化したるものということができる。すなわちたとえ六大は如来の三摩耶形であり、われらはそのまま本有《ほんぬ》の曼荼羅であるといっても、それは幽玄なる一個の哲学もしくは宗教の世界であって、遠くみ、且つ深く慮るものにとっては、そうした境地も容易に味わうことができるとしても、しからざる凡人にとっては、それは永遠に不可解な一個の神秘である。それはいわゆる公開せる秘密に外ならない。かるが故にそうした宗教的真理の世界をば未悟のものに開示するには、どうしても図絵などの象徴によってこれを芸術的に表現するより外に方法はないのである。換言せば存在（Sein）の世界がそのまま当為（Sollen）の世界であることを示すには、どうしても芸術的表現の形式を仮らねばならないのである。おもうにわが弘法大師が、

「密蔵は幽玄にして翰墨に載せ難し。更に図画を仮つて悟らざるに開示す」『御請来目録』（『大師全集』一、九五）。

といわれたことはまさしくこの間の消息を遺憾なく道破せられたものというべきである。ところで大日如来の理智の境界、別言せばわれら衆生の色心の実相を、芸術的に表現したるものがとりも直さず図絵の曼荼羅であるが(3)、果してしからばいったい何が故に智法身の世界を金剛界といい、理法身の境界を胎蔵界と名づくるのであるか。われらはまずこの問題から考察していかねばならない。

けだし金剛界とは梵語の縛日羅駄都（vajra-dhātu）の訳であって、バザラは金剛、ダドは界の意味である。すなわち如来の智慧はその体は堅固不可壊にして、一切の煩悩を道破する利用があるから、これを堅固（体）と利用（用）との義のある金剛に喩えたのである。次に界とは体性、または差別の義であって、一切の衆生は無始以来先天的に如来の智慧を具有すると同時に、その智慧には五智または九識等の差別があるから、如来の理性を表わす胎蔵界に対して、如来の智性をば金剛界といったものであるといわれている(4)。いずれにしても法身如来の深甚なる智慧の世界をば譬喩に

よってこれを象徴したるものが金剛界曼荼羅である。次に胎蔵界の本来の呼称は胎蔵であるが、わが国では金剛界に対して、通常、胎蔵界と称している。而して元来、胎蔵には含蔵と摂持《しょうじ》の二義がある。すなわちあたかも母胎が胎児を保育し長養するが如く、一切衆生には本来法爾として平等に如来の理性をば含蔵し且つ摂持《じょうじ》するが故に、喩示して胎蔵界といったのである。[5] こうした意味に於て金胎両部の曼荼羅は、つまり如来の理智の徳をば譬喩によってこれを表現したものというべきである。しかも理智はもと不二であるから、金胎両部は二にして不二である。すなわち法身如来の実相を智の方面よりこれを現わせばそれは金剛界曼荼羅であり、理の方面よりこれを示せばそれは胎蔵界曼荼羅である。まことに印融[6]（A. D. 1435—1519）のいえるが如く、「両部曼荼羅とは諸仏理智の体性、衆生色心の実相」である。すなわち衆生色心の実相は、けだしこれ諸仏理智の体性である。諸仏理智の体性はやがてこれそのまま衆生色心の実相である。あるもの（Sein）としてはともかく、あるべきもの（Sollen）としてのわれらの肉体はこれ胎蔵の曼荼羅であり、われらの精神はこれ金剛の曼荼羅である。われらはただ「如実知自心（実の如く自心を知ること）」によって、初めてわれらの身心がそのまま金胎不二の曼荼羅なることを如実に体験しうるのである。以下、項を分ちて両部曼荼羅の組織とその内容について考察していきたいとおもう。

註

（1）『吽字義』にいう。「真如法性は心の実常なり。およそ心ある者、誰かこの理なからん。心智はすなはち理、心外の理にあらず。心理これ一なり。湿鑒豈に別ならんや。」

（2）金胎両部はもと不二なれども、暫く而二に約してその差別を挙ぐれば、

金剛界―智―差別―修生―始覚―果―識大―従因向果―月輪―五部―九会―一四六一尊―金剛頂経所説

胎蔵界―理―平等―本有―本覚―因―五大―従果向因―蓮花―三部―十三大院―四一四尊―大日経所説

（3）両部曼荼羅の種類にはいろいろあるが、大別していえば経疏に説かれた曼荼羅と現図曼荼羅とである。前者は暫く措き、いま正しく後者について一言したい。さていうまでもなく現図とは「現わし図せる曼荼羅」という意味で今日世間に流布せる曼荼羅であるが、この作者及び伝来について古来異説がある。一説によると胎蔵界は善無畏が金粟王の塔の下に於て空中で感得して描いたものであり、金剛界は金剛智が仏の加持によって描いたものであるといい、一説には金胎両部共に龍智が龍猛の指示を受けて図絵したるものだと伝えているが、しかし杲宝《ごうほう》（A．D．1306―1362）も『秘蔵記私鈔』巻二にいうが如く、それはもとより頗る疑わしい根拠なき臆説である。これについてかの信日は『曼荼羅鈔』巻一で「恵果阿闍梨の図し給ふものなるが故に現図といふ」といい、また印融が『曼荼羅私鈔』巻二に、「西天には地に曼荼羅を図して七日、二七日乃至百日等を経て行用過ぐれば破壊するなり。懸ける曼荼羅にはあらず。現はし図すと訓ずべし」云々。といった如く現図は現わし図すと解すべきである。すなわち現図曼

茶羅は、恵果が経所説の曼荼羅と阿闍梨所伝の曼荼羅とによって、特に唐朝の供奉李真等の画工に命じて図絵せしめたものが現図の両部曼荼羅なのである。これについて『御請来目録』（『大師全集』第一輯九九丁）に次の如くいう。

「『真言秘蔵は経疏に隠密にして、図画を仮らざれば相伝すること能はず』と。すなはち供奉丹青、李真等の十余人を喚《よ》んで胎蔵金剛界等大曼荼羅等一十鋪を図絵し、兼ねて二十余の経生を集めて金剛頂等の最上乗密蔵の経を書写す。また供奉鋳《いもの》博士趙呉を喚《よ》んで、新たに道具一十五事を造る。像を図し経を写すこと漸く次第あり。」

もっとも以上に述べたものは東寺所蔵の弘法大師請来の曼荼羅であるが、この外現図には長谷寺版、霊雲寺版のものが今日流布している。ちなみに曼荼羅の由来及びその種類等については近く栂尾祥雲著の『曼荼羅の研究』九九―一〇九頁に詳説す。

（4）「金剛とは智なり。界とは身なり。金剛を持する者の身なり。身はすなはち聚集の義なり。いはく、一身に無量の身を聚集す。また持の義なり。この金剛の身は三十五仏、百八尊乃至無量の仏を堅持せり」『秘蔵記』（『弘法大師全集』第二輯八丁）。

「『金剛』とは、顕密の二義を具す。顕の義とは、金剛はこれ世間所有の堅宝の名なり、もつて如来の実智に喩ふ。金剛宝に多くの功徳を具す、この宝は地に埋むれども朽ちず、火に入るといへども銷えず、貧人は見難く、得る者は富貴なり。戦具の中に最勝なり、常恒に堅固なり、かくのごとく如来の実智も多くの功徳を具す。久しく無明煩悩の地の中に埋むれどもかつて朽爛《くらん》せず、無間瞋恚の火に入れども消えず融けず。下劣の凡夫は億劫にも見難し。もしよく得証すれば三界の王となる。横竪の智杵は四魔を摧壊し、常住不変自在安楽なり」『金剛頂経開題』（『弘法大師全集』第一輯、六九七）。

（5）胎蔵を釈するについて古来二義がある。一は蓮花胎蔵、一は胞胎胎蔵の義である。前者は蓮花に約して胎蔵の意味を解釈したるものである。すなわち蓮花の果実が花や葉によって胎蔵されつつ、次第に成育するが如く、衆生本具の菩提心も大悲万行の花葉によって包まれ、次第に開発するに喩えたものである。次に後者は母胎と胎児との関係によって説明したるものである。すなわちかの胎児が母胎の中に保育され、次第に成長し月満ちて誕生するに至るが如く、衆生身中の菩提心も大悲の万行によって胎蔵され成育して遂に大悲方便の活動を開発するに至るに喩えたものである。

右の譬喩の中、前者は地上に約し、後者は地前に約すといわれている。いずれにしても衆生本具の菩提心の理をば胎蔵により喩示したるものである。

（6）『曼荼羅私鈔』巻一、二丁には『十住心論』『異本即身義』の文を引証して次の如くいう。

「それ両部曼荼羅は諸仏理智の体性、衆生色心の実相なり。貴い哉、諸仏法性身の心、衆生具縛色の心、理々無数、智々無辺の胎金両部の曼荼羅なり。この道理を知らしめんが為に、絹帛に図絵して未だ悟らざるに開示す。」

二

まず最初に金剛界曼荼羅についてみるに、元来この曼荼羅は、『金剛頂経』を所依として描かれ

5 四印会(五) 一三尊	4 一印会(六) 一尊	3 理趣会(七) 一七尊
6 供養会(四) 七三尊	9 羯磨会(一) 一〇六一尊	2 降三世羯磨会(八) 七七尊
7 微細会(三) 七三尊	8 三摩耶会(二) 七三尊	1 降三世三摩耶会(九) 七三尊

123——上転門
一二三——下転門

たもので、古来、九会曼荼羅と呼ばれている如く、全体が九会より組織されている。(1)すなわちいうところの九会とは、一、羯磨会、二、三摩耶会、三、微細会《みさいえ》、四、供養会、五、四印会、六、一印会、七、理趣会、八、降三世羯磨会、九、降三世三摩耶会である。いま試みにまず九会の図様を示せば前頁の如し。

さてこの九会の内容を解説するに当って第一に注意すべきことは、古来、この九会をみるに二つの見方があることである。すなわちそれは従果向因と従因向果の見方である。いうまでもなく従果向因とは下転を示す向下門の見方であり、従因向果とは上転を示す向上門の見方である。従って第一の立場からすれば、中央の羯磨会から降三世三摩耶会に至る次第であり、第二の立場からすれば反対に、降三世三摩耶会より羯磨会に至る次第である。まず初めに第一の見方よりして九会の組織内容を概観し、次に第二の見方を説明していこうとおもう。

一、羯磨会《かつまえ》（または根本会、成身会《じょうじんね》ともいう）

これは九会の中心である。故に根本会ともいっている。すなわち向上門の極致であると同時に、向下門の基点である。従って成身会という時は、向上門に約していい、向下門に約する時はこれを羯磨会といっている。前者は五相三密(2)の修行によってまさしく仏身を成ずるという意味であるが、後者

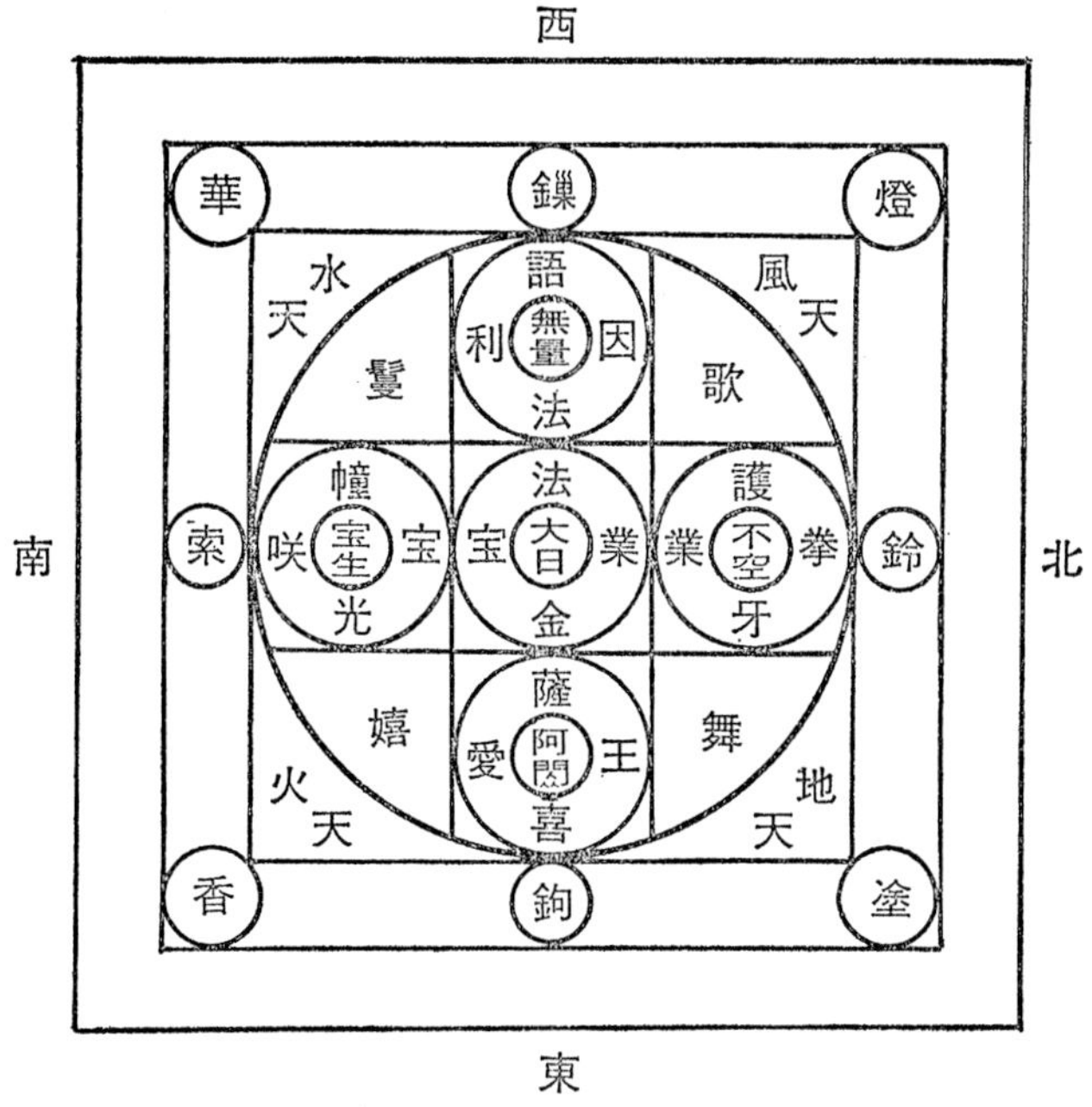

は化他の事業（karma）を示す意味で、四種曼荼羅の中では仏菩薩の尊形を示す大曼荼羅である。而してこれは九会の総体であり根本であるから、いささかその組織内容を図示し、それについて少し詳しく解説しておきたいとおもう。

まずこの会の中央に一大円輪が描かれてある。それはいわゆる五仏の住処たる宝楼閣を表わしたものである。而してこの円輪はそのままわれら衆生の心を象徴したものであって、その中にある五個の月輪は、いわゆる五解脱輪で五智五仏の標幟《しるし》である。また四方四仏の両側にある金剛は八柱を示すもの、なお五解脱輪の中の五個の月輪は各具五智の意味を表わすもので、この中に五仏、四波羅蜜、十六尊が描かれている。しかもその座位たる蓮花は衆生本具の菩提心の象徴である。次に一大円輪の四隅に地（北東）・水（南西）・火（南東）・風（北西）の四金剛すなわち四大神があって円輪を支持しているが、いうまでもなくこれは四大の標幟で実は五大を描くべきではあるが、一大円輪を空大とするから、四大神を以てそのまま五大を表わすものとするのである。しかもまた円輪がやがて心の識大を示すものである以上、つまりこれはそのまま六大の標幟としてみるべきである。更に進んで五解脱輪の中央の輪についてみるに中央には大日如来を描き、その四方に金《こん》、宝《ぼう》、法、業の四波羅蜜を描いてある。これはすなわち大日の四親近の菩薩で、四仏が大日を供養する為に示現したるものである。次に東方の輪中に阿閦《あしゆく》仏を中心としてその周囲に薩《さつ》、王《おう》、愛《あい》、嬉《き》の四菩薩を描き、南方には宝生仏を中心として宝、光、幢、笑の四菩薩を描き、西方には阿弥陀仏を中心として法、利、因、語の四菩薩を描き、北方には不空成就仏を中心として業《ごう》、護《ご》、牙《げ》、拳《けん》の四菩薩を描いてある。けだし以上はいわゆるこれ四仏と十六大菩薩である。次に五解脱輪の四方に嬉、鬘、歌、舞の四天女を描く。これは内の四供で、四仏の供養に応ずる為に、大日如来が四仏に供養すべく示現したるものである。けだし以上は第一重に描けるものである。次に第二重には四方に賢劫の千仏を描く。これは中央の金剛輪にある五仏が示現したる化仏を示したものである。而して賢劫（現在）のみを挙げて過去と未来とを示さないのは、大日如来の浄土は永遠の現在であるから、過去を現在に摂して賢劫のみを描いたものである。次に四方の四隅に香《こう》、華《け》、燈《とう》、塗《ず》の四菩薩を描いている。これはいわゆる外の四供で四仏が更に大日を供養する為に示現せるものである。次にまた四方の四門に鈎《こう》、索《さく》、鎖《さ》、鈴《れい》の四菩薩を描く。これは四摂智《しょうち》の菩薩で、顕教の布施、利行、愛語、同事の四摂に相当するのである。而してこれは大日が更に四仏を供養すべく示現したものである。かるが故に大日と四仏の相互供養はまさしく四波羅蜜に対する内の四供養、外の四供養に対する四摂智によって知りうるので、そこにわれらの特に注意すべき幾多の興味ふかき問題が示唆されているとおもわれるのである。次に第三重には金剛界畔を隔てて四方に二十天を描いてある。これがいわゆる外金剛部である。しかもこの二十天に一切の天部を摂するのであって、まず一切の天部をば上界天、空居天、遊空天、地居天、地底天の五類に分ち、この代表として五種の天部を出している。すなわち東方には那羅延《ならえん》天、倶摩羅《くまら》天、金剛摧天、梵天、帝釈天を、南方には日天、月天、金剛食天、彗星天、熒惑《けいわく》天を、西方には羅刹《らせつ》天、風天、金剛衣天、火天、多聞天を、北方には金剛面天、焔摩天、調伏天、毘那夜迦天《ひなやきや》、水天の都合二十天を描いてある。而して二十天の間の光炎中に三鈷を描けるについて二説ある。一説は二十天の妃の標幟とするもので、この場合は四隅の羯磨鎮壇《かつまちんだん》もまた妃の義とみる。次に他の一説はこの羯磨鎮壇を忿怒三鈷と称し、このまま四大明王（不動、金剛夜叉、軍荼利、大威徳）の標幟とし、四方の三鈷は十六大護(3)の三摩耶形とみるのであるが、いまは暫く後説による。

以上はこれ羯磨会の組織概観である。これを要するに中央の羯磨会は金剛界九会曼荼羅の根本で、他の八会はつまりこの根本会より流現したるものというべく、この一会の説明によって大体金剛界曼荼羅の内容は理解しうるのである。しかもこの会には大日如来を中心として三十七尊(4)を初め都合一千六十一尊を描けるは、けだしこれ智法身大日如来の境界、別言せばわれら衆生の心の実相を表示せるものである。

二、三摩耶会

この会は九会の下方すなわち東方に位するものでこれは仏の三摩耶を描きたるものである。すなわち前述の如く三摩耶（samaya）(5)とは平等、本誓、除障、驚覚の四義ある中、ここでは本誓の義が親しいのである。すなわちこの会は如来が本誓の悲願によって衆生を摂化する相を示したもので、塔、輪宝、五股杵《こしょ》、蓮花などを描けるはすべて仏の心秘密たる本誓の象徴である。従ってこれは四曼の中では三摩耶曼荼羅に相当する。

三、微《み》細《さい》会《え》

この会は金剛微細会とも称し、九会の東南方に位する曼荼羅である。すなわちこれは仏が微細なる智慧を以て衆生を摂化する相を示したるものである。而して微細会というについて古来異説があるが、大別すれば左の二義に摂せられる。

1、諸尊の形像微細なるが故に。

2、諸尊各々微細の智に住するが故に。

いずれにしてもこの会に描かれている諸尊は、悉くみな三股杵の中に住し、その相微細幽玄にしてよく不可思議の智慧を以て、普く一切の衆生を済度し給う故に微細会といったのである。而して四曼の中では法曼荼羅に相当する。もっともここにいう法曼荼羅は真言や種子を描いた曼荼羅という意味ではなく、金剛微細の法性をよく観察する曼荼羅という意味である。

四、供養会

この会は九会の右方すなわち南方に住する曼荼羅である。すなわちこの会は諸尊が各々自己の本誓を象徴する三摩耶形を捧げて五仏に供養する相を描いたものである。而してこの供養は二種ある。一は在纏供養《ざいでんくよう》、一は出纏《しゅつでん》供養である。前者は諸仏が自己の三摩地に住して衆生をして仏道に趣向せしむるため、一切の衆生に供養する意味である。次に後者は仏々相互の供養で大日が四仏を、四仏が大日を供養するが如きをいうのである。而してこの会は四曼の中では威儀事業を表わす羯磨曼茶羅に相当するのである。

けだし以上の羯・三・微・供の四会は、そのまま次の如く大・三・法・羯の四曼を示したるものである。

五、四印会

この会は九会の右の上、すなわち西南に位する曼茶羅である。而して羯三微供の四会は、いうまでもなく大三法羯の四曼を別説したるものであるが、いわゆる四曼各不離の故に、この意味を表示したものがこの四印会である。この場合、印（mudrā）とは決定不改《けつじょうふかい》の義であるから智慧と同意語で、四印はそのまま四智または四仏の標幟(6)である。

六、一印会

この会は九会の上方すなわち西方に位する曼茶羅であって、智拳印を結べる大日の独一法身を描いてある。けだし一印とはいうまでもなく智拳印のことで、この会はつまり四会は一会に、四印は一印に帰すべきことを表示したるものである。すなわち四曼といい四智といい、いずれも大日法身の世界をば、暫く四種の方面より開示したるもので、帰するところすべては皆帰大日である。故にこの意味を示したものがこの一印会である。而して古来(7)この智拳印について異説があるが、いま一説によるに左の金剛拳は衆生の五大を表わし、その風指を伸ぶることは、衆生の息風にてすなわち生命の義、次に右の拳は五仏の宝冠、これを以て左の風指を握るは、衆生に五智の宝冠を被らしむる意である。すなわち衆生の生命を仏の大空の智に一致せしむることを示すもので、古来この印を生仏不二の印、または即身成仏の印と称せられている。以上、大三法羯四一の六会を称して自性輪身(8)の曼荼羅と名づけられている。

七、理趣会

これは九会の左方の上にある曼荼羅である。すなわち大日如来が金剛薩埵（Vajra-sattva）の身を現じて、化他の作用をなす相を表示したるものである。いま現図曼荼羅によるに、金剛薩埵が中台の尊となり、欲、触、愛、慢の四菩薩が眷属となって、その周囲を囲繞せる図を描いている。けだし欲触愛慢の四菩薩は、衆生迷妄の四煩悩を表示せるもので、煩悩即菩提の理趣を端的に表現したるものがすなわちこの理趣会である。而して前六会が自性輪身《じしょうりんじん》の曼荼羅であるに対して、これは菩薩の身を現じ正法を以てまさしく衆生を摂化する故に正法輪身《しょうぼうりんじん》の曼荼羅と称せられている。

八、　降三世羯磨会

この会は九会の左方の中央に位する曼荼羅である。すなわち金剛薩埵が強剛難化《ごうごうなんげ》の衆生を済度せんが為に、内には慈悲に住しつつ、しかも外には忿怒形を示現して降三世明王となれる相を示したものである。けだし降三世明王（Trailokya-vijayarāja）[9] とは貪瞋痴の三毒煩悩をまさしく折伏する明王という意味で、現図では左足に大自在天（Maheśvara）を踏み、右足にその妃の烏摩（Umā）を踏める相を描いている。これについて印融は次の如くいう。

「左の足に自在天を踏むは煩悩障を断ずるを表はし、右の足に烏摩后を踏むは、所知障を断ずるを表はす。煩悩障は麁なるが故に男に喩へて強く踏み、所知障は細なるが故に、女に喩へて和かく踏む。但し形は忿怒を現ずるも、心はこれ慈悲に住するなり」（『曼荼羅私鈔』一、三六）。

而してさきの自性輪身及び正法輪身の曼荼羅に対して、この会及び次の第九会を共に教令輪身《きょうりょうりんじん》の曼荼羅と称している。

九、　降三世三摩耶会

これは九会の左方の下にある曼荼羅で降三世明王の三摩耶形を示したものである。すなわち前の第八会は化他に約して明王の身活動を示したるに対し、これはまさしく自証に約して明王の心活動を表示したるものである。

而して以上の第八第九の二会の典拠は、三十巻の『教王経』の第九より第十二巻までの四巻の中に説かれているのであるが、現図とは所々相違している点がある。いま一々それを指摘している余裕はないが、それはつまり伝法の阿闍梨が意楽《いぎょう》によって適宜取捨の上描かれたものとみるべきであろう。

おもうに以上、九会の説明は前述の如く仏が自証の世界より化他に出ずる従果向因の説明である。これに対していま従因向果の立場を説明せんに、これは前とは反対に降三世三摩耶会に始まり羯磨会に終るのである。すなわち第一の降三世三摩耶会は、われら衆生が一切の障礙を排してまさしく菩提心を発す位である。次に第二、降三世羯磨会は、勇猛精進の結果遂に煩悩、所知障の二を降伏する位である。第三、理趣会は、一たび悟れば一切の煩悩も悉く菩提の資糧となるのであって、欲触愛慢の煩悩は、そのまま菩提の徳となることを覚悟する位である。次に第四、一印会は、煩悩即菩提の理趣を体得したるものは、そのまま大日如来と不二一体となりたることを示すもので、この大日如来の境界をば、四方面より具体的に解説したるものが第五の四印会で、更にこの四印すなわち四曼を別々に説明したものが、第六、供養会、第七、微細会、第八、三摩耶会、第九、羯磨会である。而してこの場合における羯磨会は、まさしく成仏の世界を示すものであるからこれを成身会と称するのである。

以上、所説の金剛界九会の組織内容は図の如く示すことができる。

九会曼荼羅

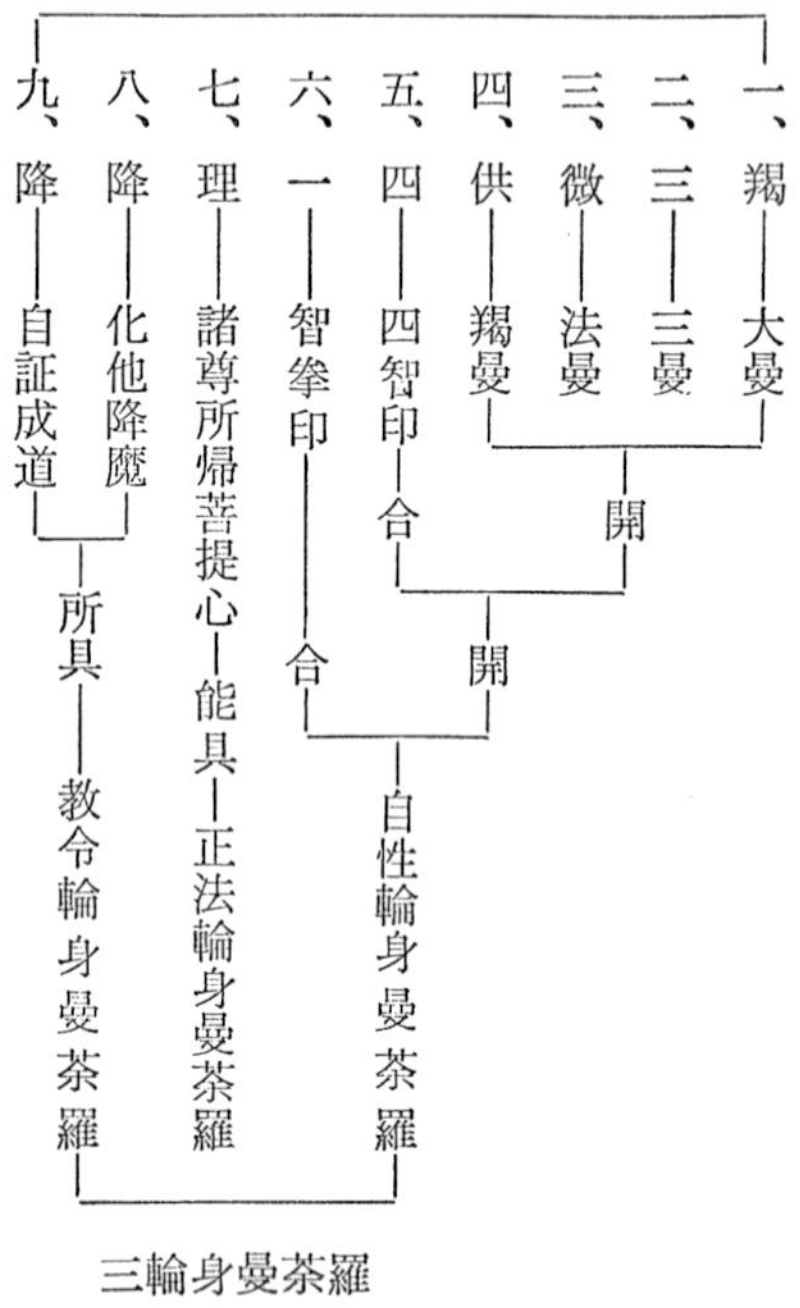

註

（1）金剛界曼荼羅は、いうまでもなく『金剛頂経』を所依として描かれたものであるが、元来この経は十八会十万頌の梵本の中、その初会の経の一部分たる『金剛界大曼荼羅広大儀軌品』の一品のみを訳したもので、十八会の経説に関してはただ不空訳『十八会指帰』（大正蔵一八、二八四）によってこれを知り得るのみである。ところで九会曼荼羅の典拠は果して何処にあるかというに、古来の伝統的説明によると、それは初会の金剛頂経の中にある四大品によって描かれたものである。いう所の四大品とは一、金剛界品　二、降三世品　三、徧調伏品　四、一切義成就品である。而してこの初会の金剛界品には六曼荼羅が説かれているが、九会の中の羯、三、微、供、四、一の六会はこれによって描かれたものである。次に第七の理趣会は十八会の中の第六会すなわち大楽金剛不空真実三摩耶経すなわち理趣経によって描かれ、第八、第九の降三世の二会は初会の第二、降三世品の初めの二曼荼羅によって描かれたものである。けだし以上の説は古来の伝法の阿闍梨が『十八会指帰』を根拠として十八会所説の諸曼荼羅の中より、特に九会の曼荼羅を抜き出して描いたものであると称せられているが、栂尾祥雲教授は『曼荼羅の研究』一九一頁に於て、九会の典拠を宋の施護訳『一切如来真実摂大乗現証三昧大教王経』三〇巻（大正蔵一八、二八四）に求め、一々これを配当している。いま試みに図示せば左の如し。

一、成身会—金剛界大曼拏羅広大儀軌分第一（巻一—巻六）
二、三摩耶会—金剛秘密曼拏羅広大儀軌分第二（巻六—巻七）
三、微細会—金剛智法曼拏羅広大儀軌分第三（巻七）
四、供養会—金剛事業曼拏羅広大儀軌分第四（巻八）
五、四印会
六、一印会　—現証三昧大儀軌分第五（巻八）
七、理趣会
（一〜七）金剛界品

八、降三世羯磨会—降三世曼拏羅広大儀軌分第六（巻九—巻十二）
九、降三世三摩耶会—忿怒秘密曼拏羅広大儀軌分第七（巻十二）
（八・九）—降三世品

なお金剛界では一四六一尊の諸尊をば五部に摂属している。五部とはすなわち、一、仏部（Buddha-kula）二、蓮華部（Padma-kula）三、金剛部（Vajra-kula）四、宝部（Ratna-kula）五、羯磨部（Karma-kula）である。普通にこれを仏、蓮、金、宝、羯の五部といっている。すなわち『秘蔵記』（『大師全集』二、六）に五部について次の如く説いている。

「一には蓮華部。わが自心の中に浄菩提心清浄の理あり。この理は六道四生界を経て、生死の泥中に流転すといへども、しかも不染不垢なること蓮華の泥中より出生して、しかも不染不垢なるがごとし。仍《よ》つて蓮華部と名づく。二には金剛部。わが自心の理の所にまた智あり。この智は生死の淤泥《おでい》に没在して無数劫《むしゅこう》を経《ふ》といへども、しかも不朽不壊《ふきゅうふえ》にしてよく諸の煩悩を破すこと、金剛の久しく地中に埋むといへども、しかも不朽不壊にして諸の怨敵《おんてき》の固き物を摧破《さいは》するがごとし。仍って金剛部と名づく。三には仏部。この理、この智、凡夫位には未だ顕はれず。理智具足して覚道円満するをすなはち仏部と名づく。また二を加へて名づけて五部といふ。一には宝部、仏の万徳円満の中に福徳の無辺を宝部といふ。二には羯磨部《かつまぶ》、衆生のために悲愍《ひみん》を垂れて一切の事業を成弁するを羯磨部といふ。」

いうまでもなく金剛界は『金剛頂経』によって除障成身自受法楽の行相を図示せるものであるから、凡夫の九識を転じて仏の五智をさとる義を現わしたものである。故に五部を立ててこれによって一切の諸尊を摂属するのである。而して五仏はすなわちこれ五部の代表である。いま試みに五部、五智、五仏、九識の関係を示せば、

一、仏　部―大日―法界―第九識
二、金剛部―阿閦―大円―第八識
三、宝　部―宝生―平等―第七識
四、蓮華部―弥陀、妙観―第六識
五、羯磨部―不空―成所―前五識

なお九会の尊数について『曼荼羅私鈔』（一、一〇）に略頌を挙げて次の如くいう。

「羯磨千六十一尊。三微供養七十三。四十三一理十七。降々七十七三尊。分別九会諸尊位。仏体一千三十六。

菩薩二百九十七。忿怒四尊執金四。外金剛部百二十。惣千四百六十一。これを金剛界現図尊と名づく。」

（2）五相とは五相成身観、三密とは三密観にして、いずれも密教に於る重要なる観法である。すなわち五相は竪に行者が仏となるの順序を観じ、三密は横に仏と行者と彼此渉入するを観ずるのである。いま五相について一言しておきたい。けだし五相成身観とは凡夫が仏に至るまでの過程を五種に分類したるものである。一、通達菩提心、これは理論的に自身は本有の菩提心を所有することを知る位で、軽霧の中にある月輪の如しと観ずるのである。二、修菩提心、これはまさしく修行によって自身本具の菩提心を開顕せんとする位である。例えば心の清浄無垢なる満月の如しと観ずるのである。三、成金剛心、これは自己の心中にある菩提心を具体的に本尊の三摩耶形と同一不二なりと観ずるのである。例えば観音なれば蓮花、不動なれば利剣等の三形と一体不二なることを観ずるのである。しかもこれに二種ある。一は広金剛観で一は斂金剛観である。前者は自己を拡大化し普遍化し、自己即法界と観ずるのである。例えば自己の三摩耶形を舒べて、宇宙法界と一体ならしむるのである。後者は法界を自己の中に帰一せしめるので、法界即自己と観ずるのである。例えば宇宙法界を自己の三形に統摂するのである。従って広斂巻舒の二観は、一切衆生に自己をみ、自己に一切衆生をみる境地を示したものというべきである。四、証金剛身、自己の心が仏の三形と同一不二である以上、自己の肉身もまたこれ本尊の三形でなければならぬ。故にこれは正しく自己と本尊の三摩耶形と一体不二なることを体証する位である。五、仏身円満、すでに自己の三形即仏の三形である以上、それはまさしく仏身の成就された境地である。かくてこの自身是仏の境地に体達したる時、密教の理想たる成仏は完全に円成されるのであって、この世界を芸術的に象徴化したるものが、とりもなおさず九会の中心たる成身会である。

(3) 十六大護とは護法の薬叉を十六に分ちたるもので、(1)法護薬叉。(2)阿陀縛薬叉。(3)蘇枳大龍。(4)双目天后。(5)毘首羯磨薬叉。(6)満賢薬叉。(7)劫比羅薬叉。(8)護軍薬叉。(9)広目薬叉。(10)珠賢薬叉。(11)持明薬叉。(12)蘇磨耶薬叉。(13)肩目薬叉。(14)翳羅縛嵯大天。(15)補沙毘磨龍。(16)訶利帝母。『諸尊要鈔』巻一五。『秘鈔問答』巻十等参照。

(4) 三十七尊を図示せば左の如し。

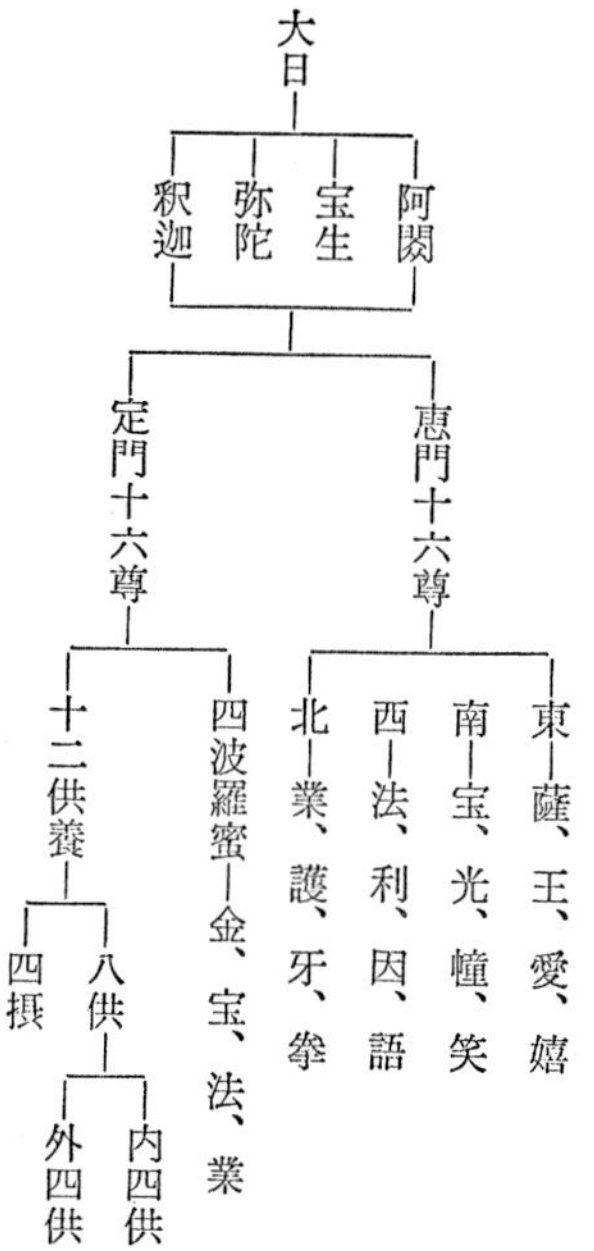

(5) 三摩耶は梵語の samaya でこれは sam(普く)+aya(行く)の合成語として解釈されている。而

してこれを自証に約する場合には、心を仏の境界に到らしむる義であり、これを化他に約すれば仏が心を衆生の上に到らしむる義である。いまは第二の説によって解す。

（6）

四曼	四印	四智	四仏
大曼	大　智　印	大円鏡智	阿閦
三曼	三摩耶智印	平等性智	宝生
法曼	法　智　印	妙観察智	弥陀
羯曼	羯磨智印	成所作智	釈迦

（7）智拳印は古来わが密教では「十方の仏土中は唯だ智拳印あり」（金輪時処軌）と称し、最極の秘印として相伝するものである。而してこの印をば或いは菩提引導第一智印（摂真実経中巻）といい、或いは能滅無明黒暗印（同上）、或いは施与無上菩提尊勝印（守護国界経第三）といい、或いは金剛拳印、または法界印（尊勝軌）などともいわれている。従って古来この印を解するについても種々異説があるが、いまは暫くその一義によって示したものである。ちなみにこの印をば一名四海領掌印といわれているが、これは治暦四年（一〇六八）七月二十一日醍醐寺の成尊《せいそん》が、後三条天皇にこの印を即位灌頂の印として授けたるよりこの名始まるという。而してこの場合は君民一致の象徴としてみるべきである。

（8）密教では仏位、菩薩位、明王位を指して、次の如く自性、正法、教令の三輪身と称している。すなわち自性輪身とは仏の自性の身であり、正法輪身とは、仏の正法を以て衆生を化する身であり、教令輪身とは、仏の教令に違背するものを忿怒身を以て化するをいう。

(9) 降三世明王の本軌は『金剛頂瑜伽降三世成就極深密門』(異云『降三世深密門』)一巻及び『降三世明王念誦儀軌』(略云『降三世儀軌』)一巻である。いまその形像をみるに、まず身色黒青なるは調伏の義を示し、四方の火炎は智慧の火、三面三目は三毒の煩悩を降伏する義、四辺の利牙は煩悩をかみ摧く義を表わし、次に二手印を結ぶは独鈷印で、菩提心の独鈷を以て煩悩を摧破するの意、次に左の第二手は金剛杵、第三手は弓、第四手は索を持つ。次に右の第二手は五鈷、第三手は箭、第四手は剣を持っているが、いずれもそれは三界の煩悩を降伏する象徴である。

三

次に胎蔵界曼荼羅について考察しよう。おもうに金剛界曼荼羅が『金剛頂経』を所依とするに対して、これは『大日経』を所依として描かれたものである。[1] 而して、前者は九会より組織されているに対し、これは十三大院(現図は十二大院)よりなっている。[2] すなわち十三大院とは、一、中台八葉院。二、遍知院。三、観音院。四、金剛手院。五、持明院。六、釈迦院。七、文殊院。八、除蓋障院。九、地蔵院。一〇、虚空蔵院。一一、蘇悉地院。一二、外金剛部院。一三、四大護院であ

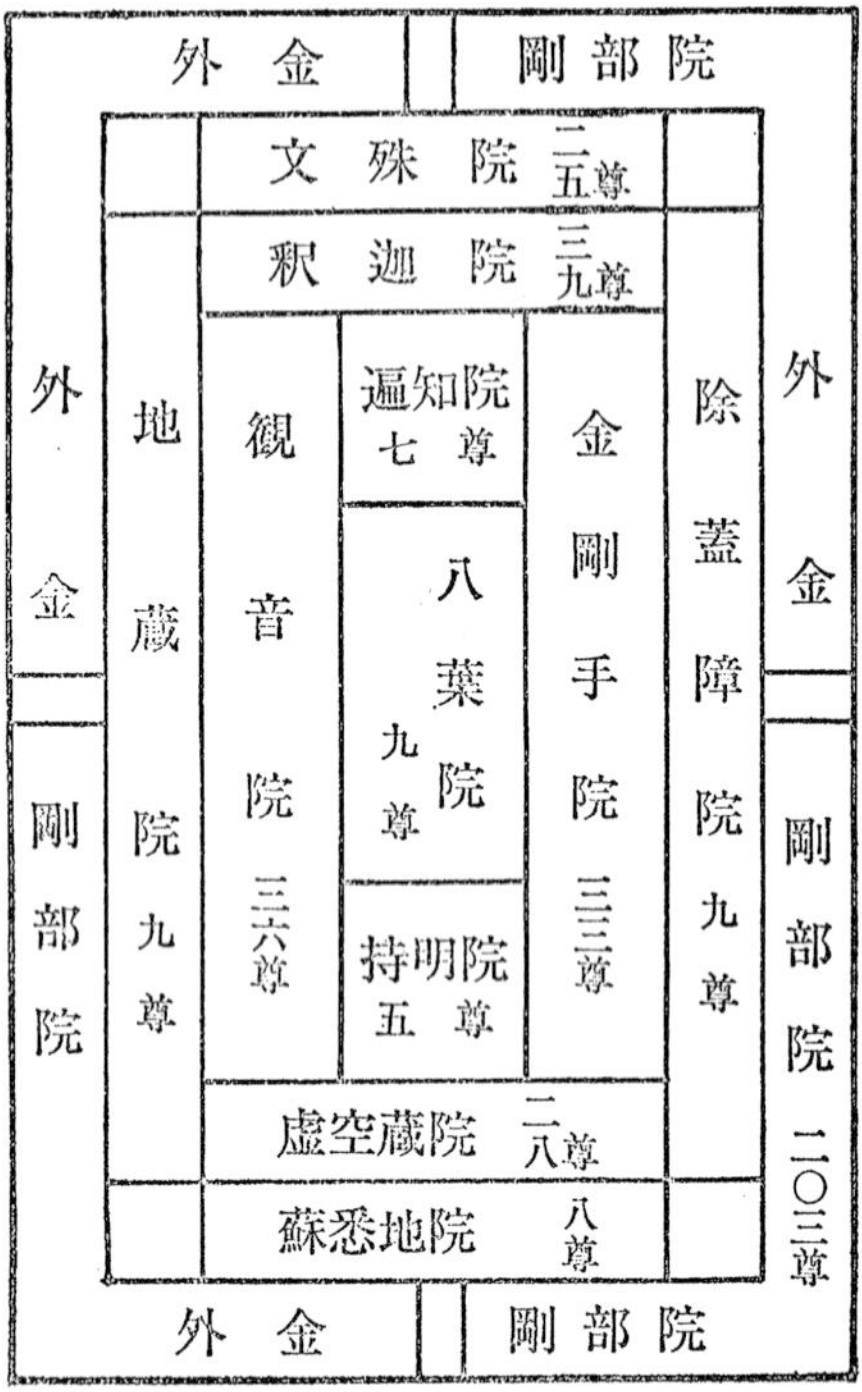

る。いまその内容を説明する前にその略図を示せば上図の如し。

一、中台八葉院

胎蔵界曼荼羅の中央に位するもので、これは十三大院の根本である。すなわちいう所の八葉とは衆生本具の八弁の肉団心[3]を象徴するもので、そのままそれは四仏四菩薩の標幟である。而してこの八葉院に九尊を描くことは、つまり因位（凡夫位）の心識たる九識を指したものである。ところで何故に九識を九尊とするかというに、これは前述の如く凡夫の九識が転ずるときには五智となるのである。しかも五智はやがて五仏であるから、中台の九尊はつまり凡夫の

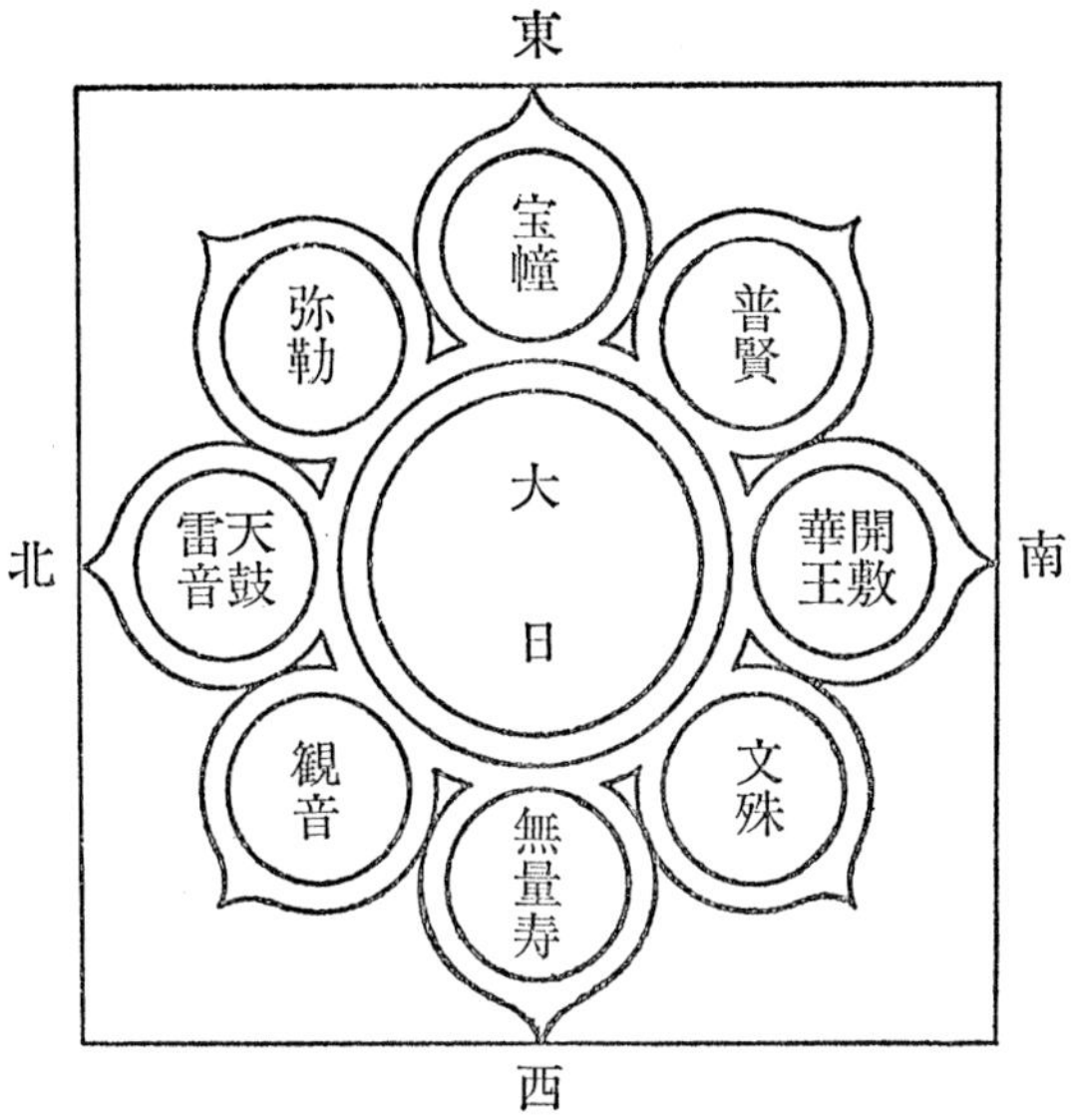

九識がそのまま五仏四尊の当体なること、すなわち煩悩即菩提、凡即是仏の境界を標幟したるものである。

いま現図をみるに、中央に大日如来を描き、その周囲に宝幢(Ratnaketu)開敷華王《かいふけおう》(Saṁkusumitarāja) 無量寿(Amitāyus)天鼓雷音《てんくらいおん》 (Divyadundubhi-megha-nirghoṣa) の四仏を描いているが、この四仏はつまり普門大日の別徳を司る一門の尊である。[4] 次に四隅には普賢 (Samatabhadra) 文殊(Mañjuśrī) 観音 (Avalokiteśvara)弥勒 (Maitreya) の四菩薩を描いているが、この四菩薩は四仏の果に対する因行を示したもので、いずれも大日普門示現の身である。すなわち普賢は発心門における浄菩提心の徳、文殊は修行門における智慧の徳、観音は菩提門における菩提の徳、弥勒は涅槃門における涅槃の徳を司るものである。これを要するに中台八葉院は十三大院の根本で、上下左右の諸院は悉くみなこの中心より流現したるものに外ならないのである。しかもこの八葉院こそ、六大一実の境界、阿字本不生の世界で、それはまた、そのまま理法身大日の妙色身であると共に、われら衆生の肉身の実相なのである。この意味に於て八葉院はわれら凡夫の当体がそのまま仏身なることを如実に表示するもので、これは密教の本質を最も端的に現わしたものというべきである。

二、遍知院

この院の中央に三角形の遍知印が描かれているからこれを遍知院というのである。けだし遍知印とは、諸仏心印または一切如来智印とも称せられているが、これは四魔（陰・煩悩・死・天）を降伏する仏智の象徴である。かるが故に古来わが密教では大日法身が自証の境界より出でて、まさしく一切の衆生を化益するその標幟《ひょうし》とされている。(5) なおこの院を仏母院といっているが、これはこの院にいわゆる三部能生の母と称せられる、仏眼仏母（仏部）、七倶胝仏母《しちくていぶつも》（蓮花部）、大安楽不空金剛（金剛部）の三尊が描かれているからである。

三、観音院

蓮華部院ともいう。すなわちこの院の中心の尊は観自在であるから観音院といい、三部（仏蓮金）の中、まさしく蓮華部に属するから蓮華部院ともいう。而して元来この観音院は金剛手院と共に、如来の悲智の二門を表示するものであると称しているが、この悲智のうちでこの院は大悲の徳を表示しているのである。

四、金剛手院

薩埵院ともいう。すなわちこの院の中心の尊は金剛薩埵であるから薩埵院または金剛手院といい、三部の中では金剛部に属するから金剛部院ともいうのである。而して前の観音院が如来の大悲の徳を司るに対し、この院は如来の大智の徳を司るのである。故に蓮華、金剛の二部は、共に中台の左右にありて、仏の悲智の二門の不即不離なることを表示しているのである。

五、持明院

五大院または忿怒院《ふんぬいん》ともいう。すなわちこれは仏の明呪を持するという意味から持明院といい、次にこの院には般若菩薩、不動、降三世、大威徳、勝三世の五大尊を描けるより五大院というのである。而してまた五大尊の中、般若菩薩を除ける他の四尊は、いずれも忿怒形をなせる明王であるから忿怒院というのである。しかもこの院は仏の悲智すなわち摂受と折伏とを示したるもので、般若菩薩は摂受の慈悲を現わす正法輪身であり、他の四大明王は折伏の智慧を現わす教令輪身である。

六、 釈　迦　院

この院の中心は釈迦仏であるから釈迦院といったのである。すなわちこれは大日如来が釈迦の身を現じて、密教を説いて親しく衆生を摂化せられる相を描いたもので、ここにいう釈迦は応身の釈迦ではなく、前述の如く変化法身の釈迦である。(6)

七、 地　蔵　院

これは地蔵菩薩（Kṣiti-garbha）を中心とするから地蔵院といったもので、かの観音院の大悲至極して、まさしく悪趣の衆生を済度し給う相を標幟したものである。けだし地蔵尊は、釈迦の入滅より弥勒仏の出生まで、身を六道に分ちて親しく迷える衆生を済度し尽してのち成仏せんと誓える菩薩である。(7)

八、 虚空蔵院

これは虚空蔵菩薩（Ākāśa-garbha）を中央に描いてあるから虚空蔵院というのである。すなわちこれは文殊院の智慧に対して福徳を表示するのである。けだし虚空蔵は福徳円満の徳に住して、衆生の願望に応じて種々の福徳を出生する尊である。

九、除蓋障院

これは除蓋障菩薩《じょがいしょうぼさつ》（Sarvanivaraṇa-viṣkambhi）を中心の尊とするから除蓋障院といったのである。すなわちこの菩薩は一切の蓋障すなわちあらゆる煩悩を除くを以て誓願とするから、離悩金剛ともいっている。而してこの院は金剛手院の智の体より流現したるもので、智慧の作用を表示するものである。(8)

一〇、文殊院

これは文殊菩薩（Mañjuśrī）(9)を中心の尊とする院であるから文殊院といったのである。ところでここに注意すべきは、金剛手院とこの院との区別である。けだし金剛手院の智は実相の智、本有の智を表示するのであるが、文殊院の智は、観照の智、修生の智を表わすものといわれている。すなわち智慧には一応本修の区別があるから、これによって両者の智慧の相違を表わしているのである。

一一、蘇悉地院

これは虚空蔵院より流現したもので、蘇悉地（Susiddhi）とは妙成就の義である。すなわち福徳円満の虚空蔵菩薩が万徳を出生して衆生を摂化する妙成就の作用を表示したものである。(10)

一二、外《け》金剛部《こんごうぶ》院

最外院ともいわれている。外金剛部院とは金剛界畔の外部にあるという意味から、第四重の曼荼羅をかく名づけられたものであろうが胎蔵界には界畔はない。従ってこれは最外院という方が正しいとされている。而してこの院は地獄、餓鬼、畜生、修羅、人、天の六道の衆生悉く大日如来の変化法身なることをば、最も具体的に象徴しているのである。すなわち密教の立場からすれば上は仏身より下は六道に至るまで、大日法身の当体なのである。故に密教の深旨は、この院にあるといっても過言ではないのである。すなわちこうした当相即道の真理をば、最も端的に表現したるものがとりも直さずこの最外院である。

以上われらは現図曼荼羅によって、胎蔵曼荼羅の組織内容を一応考察し終ったのである。ところで最後に一言したきことは、四重円壇建立のことについてである。すなわち前述の如く現図は左右三重、前後四重の組織であるに対し、経所説の曼荼羅は左右前後共に各三重である。いまこの問題について一言せんに、元来、経所説の曼荼羅が三重建立なることは、つまり『大日経』一部の核心が、因、根、究竟の三句にあることを表示しているのである。すなわち中台と第一重（遍知院、持明院、観音院、金剛手院）とは菩提心の徳を表わし、第二重（釈迦院、文殊院、虚空蔵院、蘇悉地院、地蔵院、除蓋障院）は大悲の徳を示し、第三重（外金剛部院）は方便の徳を顕示するものといわれているのである。けだしこれはいわゆる三身（法報応）建立による三重曼荼羅である。しからば現図の四重建立はいかんというに、左右は経所説と同様であるが、上方は釈迦、文殊の二重とし、下方はまた虚空蔵、蘇悉地の二重に分っている。おもうにこの四重組織はいわゆる四身建立の法相によるので、つまり中台院と第一重は自性法身、第二重は受用法身、第三重は変化法身、第四重は等流法身に配せられるのである。次にいま『大日経』住心品の法相によってこれを見る時[1]、四重円壇はつまり大日如来が四機を誘引する為に流現したるものとみるべきである。すなわち第三重最外院は未だ初劫に入らざる機を引摂して初劫に入らしめんが為にこれを現じ、第二劫の機の為に第二重を現じ（蘇悉地は虚空蔵の眷属の故に第二重に摂す）、第三劫の機の為に第一重を現ず（釈迦は遍知と融会の為に第一重に摂す）。すなわち以上の外三重は地前の機に対するのである。次に十地の機の為に中台八葉院を現ずるというのである。元来、密教では行者の成仏に至る階梯を三劫十地（成仏論の項参照）の四種の階級を立つるのであるが、この四重円壇は帰するところの四重の機を摂化誘引せんが為に建立せられたるものというべきである。いま試みに三重と四重との関係を示せば図の如し。

ちなみに中台八葉院を第一重に数えざる理由について、慈雲の『曼荼羅随聞記』巻四（全集第八、二三〇頁）に左の如くいう。

「曼荼羅は三重に分かち四重に分かつ。共に八葉を数へず。その故は中院はこれ法界の自体性なればなり。これより流出して三重四重あり」云々。

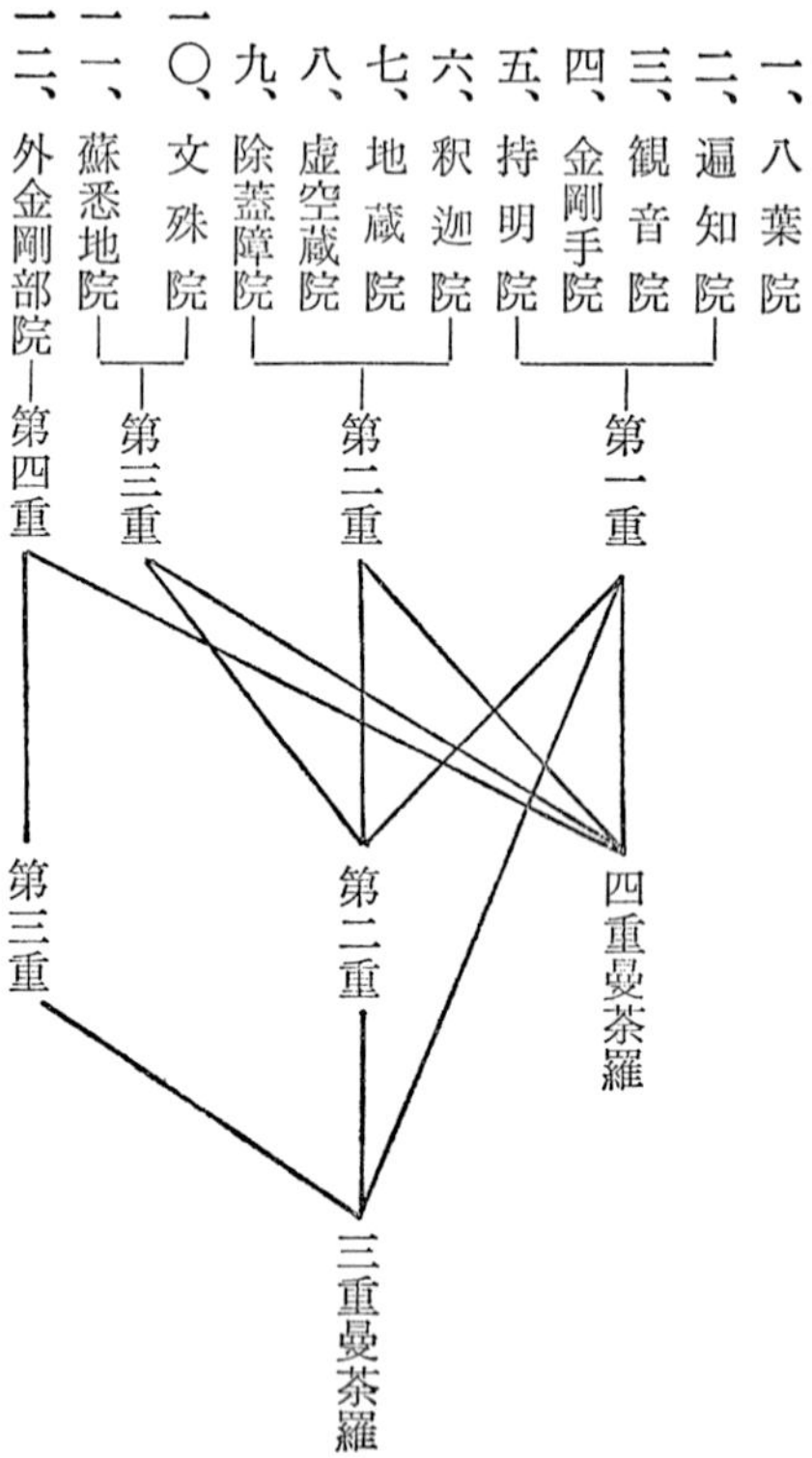

註

（1）胎蔵界曼荼羅はつぶさには大悲胎蔵法曼荼羅（Mahākaruṇā-gardhodbhava-dharmamaṇḍala）または大悲胎蔵生曼荼羅（Mahākaruṇā-garbhodbhava-maṇḍala）というべきで『大日経』の根本思想を図絵によって表現したるものである。ところがこれには大体三種の区別がある。すなわち、

一、経疏曼荼羅
二、阿闍梨所伝曼荼羅
三、現図曼荼羅

である。すなわち経疏曼荼羅とは『大日経』及び『大日経疏』に現われたるもので、経疏曼荼羅には次の四種の区別がある。

1、白檀曼荼羅――『具縁品』第二所説。
2、嘉会《かえ》曼荼羅――『具縁品』第二所説。
3、綵色曼荼羅――『転字輪品』第八所説。
4、秘密曼荼羅――『秘密曼荼羅品』第十一所説。

なお『疏』には更にこの四種以外に次の二種がある。

5、蓮華成曼荼羅――『疏』第三所説。
6、阿闍梨所伝曼荼羅――『疏』第六所説。

第二に阿闍梨所伝の曼荼羅とは、『疏』第六の説く所のもので、歴代の阿闍梨が口伝によって相承するものである。第三に現図曼荼羅とは前述の如く、現わし図する曼荼羅の意味で、恵果阿闍梨が経軌によって現わし図せるものである。わが大師によりて請来せられたる両界曼荼羅はすなわちそれである。

次に胎蔵界曼荼羅は、金剛界の五部に対して三部を立て、この三部によって四百十四尊の諸尊を摂属するのである。いう所の三部とは、仏部、蓮華部、金剛部で、それは次の如く大定、大悲、大智に当るのである。すなわち胎蔵界は『大日経』による化度、利生、他受法楽の行相を示せるものであるから、定、悲、智の三門を開いて、諸尊を悉く三部に摂入し、衆生をこの三門に引摂するのである。いうまでもなく十二大院の中では仏部は八葉院、蓮華部は観音院、金剛部は金剛手院によってそれぞれ代表されるのであって、その他は畢竟この三部にみな統摂されるのである。すなわち遍知院、釈迦院、文殊院、虚空蔵院、蘇悉地院の六は仏部、地蔵院は蓮華部、除蓋障院は金剛部に属するのであって、外金剛部は三部の護法とするのである。なお三部の内証を図示せば左の如し。

一　仏部―大定―普賢―大日―身密―塔婆
二　金剛部―大智―文殊―金剛薩埵―意密―五鈷
三　蓮華部―大悲―観音―語密―蓮華

ちなみに胎蔵界曼荼羅の尊数について印融の『曼荼羅私鈔』二、三に略頌を挙げていう。

中台八葉合九尊。遍七釈迦三十九。

持五虚空二十八。金三十三除蓋九。
観三十七地蔵九。文二十五蘇悉八。
四大四尊無現図。分別十二諸尊位。
仏六菩百五十三。辟四声十忿十二。
使者十九僮五尊。已上内院二百九。
外金剛二百五。都合四百十四尊。
中上下九仏部尊。左方三重金剛部。
右方三重蓮華部。是名胎蔵現図尊。

(2) 経所説の曼荼羅は十三大院であるが、現図は十二大院である。これはいかなる理由かというに、四大護院（四大法護）が省略されているからである。四大護院とは、無畏大護（東）無堪忍大護（南）難降大護（西）壊諸怖大護（北）である。而して現図にもしこれを図示するとせば何処に描くべきやについて、『曼荼羅私鈔』二、四〇に左の二説を挙げている。

一　第一重と第二重との中間に図すべし。

二　総じて四重に皆あるべきなり。

而して更に現図に図せざるについて問答していう。

「問ふ。今、現図曼荼羅は略してこれを図かず。もしこれを摂在すれば、いずくにか摂すべき。答ふ。

四方の門、相向つて守護とて、四人づつ、守門天等、これあり、これに摂すべきなり。大師の御釈にいはく、四大護、四天王は如来の四智なり。」

（3）「一切の凡夫の心処は未だ自ら了すること能はずといへども、しかもその上に自然に八弁あり。合蓮華形の如し」『大日経疏』第十二（大正蔵三九、七〇六）。

「阿闍梨の云く、『およそ人の干栗駄《かりだ》心（hṛdaya）の状は、なほし、蓮華含して敷かざる像の如し。筋脈あり、これに約して以て八分と成す。男子は上に向き、女子は下に向く。先づこの蓮を観じて、それをして開敷せしめ、八葉の蓮華座と為す』」云々（『曼茶羅私鈔』冠註二、五）。

（4）いま胎蔵界の五仏について簡単に解説しておこう。まず中央の大日如来は、理法身大日で、五智の総体たる法界体性智の徳に住し、法界定印を結ぶ。元来万有の体性は六大であるが、五大と六大とは開合の不同である。すなわち左手の五指は衆生界の五大、右手の五指は仏界の五大を示す。而して両手の四指を重ね、二空相付けるは衆生の五大の仏の五大との不二一体を示したものである。なお大日の身相より光明を放てるは、普門方便より大智の光明を開示して普く衆生界を照らす義である。

次に宝幢如来は福寿金剛といい、東方発心門に位する仏である。身色の赤白色なるは日初めて東天に出でて輝く色である。いまこの尊の印をみるに、右手を下方に開くは与願の印、左手を上方に開くは施無畏の印である。けだし浄菩提心は内に無量の功徳を蔵するが故に、衆生の願望に随いて種々の財宝を雨ふらす意を示すのである。なお左手を左の乳の上に当つるは吉祥の相を示したるものであって、この尊は金剛界の阿閦仏に当るのである。

次に開敷華王如来は、平等金剛といい、南方修行門に住する尊である。身色は黄金色、左手の袈裟の両角をとって左の腹の下におき、右手は施無畏の印をなす。これはいわゆる大悲万行の花を開いて衆生界に平等に無畏を施す相を表わせるものである。而してこの仏は金剛界の宝生仏に当る。

次に無量寿如来は、清浄金剛といい、西方菩提門に住する仏である。身色は赤金色で弥陀の定印を結ぶ。すなわち地水火の三指を重ねたるは三毒煩悩の結縛を示し、風空相捻することは、寂滅の涅槃点を示す。けだしこれ煩悩を消滅せしむる義である。而してこの印をまた四十八願の印といっているが、四十八願とは密教よりいえば六道の衆生の八葉の心蓮を開敷するが故に（6×8＝48）四十八願というのである。なおその種子𑖮𑖿𑖨𑖱𑖾《キリク》は三毒寂滅の義の標幟とされている。次の古歌は最もよくその意味を示している。

「𑖎《カ》𑖨《ラ》𑖂《イ》𑖀𑖾《アク》四字合成の風吹けば、霧雲はれて弥陀ぞあらわる。」

次に天鼓雷音如来は、不動金剛といい、北方涅槃門に住する仏である。身色は黄金色、左手拳をなし、仰いで臍下に安じ、右手は伏せて膝上に安ずるは、これ降魔成道の印である。而してこの仏は金剛界の不空成就に当る。けだし一切衆生に対して化益の事業空しからざる故に不空成就といい、天鼓自然に鳴る時、その音声十方に響くが如く、釈尊の説法またいわゆる「響流十方」にして一切衆生を驚覚せしむるが故に、喩に約して天鼓雷音といったのである。いま左に金胎両部の五仏を、比較図示せば左の如し。

	胎蔵界（本有の五智に約す）	金剛界（修生の五智に約す）
中	大　日	大　日
東	宝　幢	阿　閦
南	開敷華王	宝　生
西	無量寿	弥　陀
北	天鼓雷音	不空成就

ちなみにこれについて旋転《せんでん》と不《ふ》旋転《せんでん》の二義がある。それは西方阿弥陀仏は金胎共に同じくその位を動ぜざる故に不旋転といい、東方の阿閦仏を北方の天鼓雷音仏に、南方の宝生仏を、東方の宝幢仏に、北方の不空成就仏を南方の開敷華王仏に転ずるよりこれを旋転というのである。詳しくは元杲の『三部秘釈』をみよ。

（5） 遍知印は悪魔を降伏する仏智の象徴である。すなわち詳しくいえば内の三光焔及び三重の三角は三部（仏金蓮）内証の智を表わし、三角内の卍（śri-vatsa）字は、平等無礙周徧法界の義の標幟で、これすなわち自受用智身を示す。次に三角の外の光焔中の卍字は他受用報身を示すもの、これ自受用の必然的発露を表わすものである。次にその蓮華座は自他受用の功徳の標幟、三角形が智を表わすに対しこれは理を示す。

（6） 総じて密教では釈迦に三重あることを説く。

一、第一重は八葉院の天鼓雷音仏でこれは自性身の仏である。
二、第二重は釈迦院の釈迦で、これは変化法身の釈迦、生身の釈尊の本体である。
三、第三重は菩提樹下成道の釈迦で、これは生身の釈迦である。『曼荼羅私鈔』二、二四丁に興教大師の説を挙げて三重の釈迦を説く。なお『二教論』巻下に大日三身、釈迦三身を説く。

（7）『曼荼羅私鈔』冠註二、二七にいう。
「ある抄にいはく、地蔵菩薩は観音院大悲三十一尊の至極。正しく悪趣の衆生に手を下す利益を地蔵といふなり。—ある記にいはく、地は万物を生じ、蔵は衆宝を収む。この菩薩は福智の二徳を以て、衆生に施すが故に、爾かいふ。もし法に約せば、地は山河大地、蔵は無尽荘厳なり。この尊は濁世の導師となす。而して一切衆生の無尽荘厳恒沙の已有を観知して彼をして開発せしむるが故に、地蔵といふなり。」

（8）いま現図をみるに、この院には除蓋障菩薩は見当らない。これについて古来種々異説があるが、『随聞記』の著者慈雲は、この院の中央の不思議慧菩提は除蓋障であるといい、『曼荼羅私鈔』の注釈者空弁は「現図の不思議慧菩薩の宝珠を持し、鉤召印を結べるは、これ正しく除蓋障菩薩なり」といっている。これについて栂尾教授は『曼荼羅の研究』において法全の『玄法寺儀軌』を引いて、地蔵院の最下の菩薩は日光菩薩で、文秘が現図曼荼羅の尊名を写す時、右と左とをとり違えて、日光菩薩と書くべきを除蓋障とし、除蓋障とすべきを日光菩薩としたるものだという。

(9)『曼荼羅私鈔』二、二四丁冠註に四重の文殊を説く。
一、八葉院の文殊は自性身の文殊である。
二、持明院の般若菩薩は自受用身の文殊である。
三、施願金剛は他受用身の文殊である。
四、文殊院の文殊は釈迦の眷属で変化身の文殊である。

(10)この院を四波羅蜜院というについて、『曼荼羅の研究』一八五には次の如くいう。
「四波羅蜜とは金宝法羯の四波羅蜜で、この下方の一行を四波羅蜜と名づけたゆえんは、金剛部、宝部、法部、羯磨部の四部の悟りの果を示せる曼荼羅ということである。しかし胎蔵曼荼羅は仏蓮金の三部門の建立である。故に仏蓮金の三波羅蜜と名づくべきだが、古来そうした成語がないから、金剛界の法相を本として、四波羅蜜という名を付したものらしい。従って四波羅蜜院と称するからとて、ここに四波羅蜜菩薩がいるという訳ではない」云々と。

なおこの院には主尊とするものがないからこれについて異説があるが要するに、一説はこの院は虚空蔵院より別開したるが故に主尊なしといい、一説には虚空蔵院の蘇悉地羯磨菩薩が主尊なりという。

(11)権田雷斧著『曼荼羅通解』三五頁参照。

四

以上私はきわめて簡単であるが、両部曼荼羅について一応解説し終った。これを要するに、

「秘密蔵は曼荼羅を以て体となす」『秘蔵記』(『弘法大師全集』第二輯、四四)。

といわれている如く、わが密教はまさしく曼荼羅為本の宗教というべきである。従って曼荼羅の思想の中には、密教のあらゆる問題が悉く摂め尽くされている。而して曼荼羅は、一面に於て密教の精髄を物語ると同時に、それはまた一面に於て仏教芸術の極致を示せるものである。かるが故に私どもは曼荼羅に対する考察によって、独り密教における仏身の相状、仏身の建立、仏身の象徴を知り得るのみならず、またそれによって密教教理の組織の大綱を理解し得るのである。しかも一歩進んでいえば曼荼羅の研究によってわれらは、いかにして仏となるかのいわゆる成仏論の問題も自ら明らむることができるのである。いうまでもなく密教は六大・四曼・三密によって、哲学的には当相即道、即事而真を主張すると共に、宗教的には我即大日、一切衆生皆是毘盧遮那を力説するのである。ところでそうした宗教的真理を、ほんとうに心から信解しうるものは文字通り選ばれたる少数の人たちである。すなわち多くは単にあるもの(存在)をあるものとしてみる人のみで、あるも

のがそのままあるべきもの（当為）なりと覚知する人はきわめて少いのである。ここに於てか密教では、そうした甚深にして幽玄なる宗教の真諦を、曼荼羅という図絵の象徴の形式によってこれを顕示したるものである。われらはただ自身本具の曼荼羅を開顕することによって、初めて永遠に生滅なき三世常恒の仏陀、大日如来の妙色身を親しく感知することができるのである。

第五章　成仏論

第一節　序説

一

われらはすでに教判論に於て密教の位置を論じ、次で教理論に於て密教教理の大綱を述べ、更に、仏身論において密教の仏陀観の梗概を説明した。ところでいままさしく研究せんとする成仏論は、いかにして成仏すべきかの問題を取扱うのであって、それは実に密教の要求原理ともいうべきものである。従ってこれまで説明して来たあらゆる問題は、結局この成仏論に対する説明原理ともいうことができる。この意味に於て密教の宗教的価値は、まさしくこの最後の成仏論にあるといってもよいわけである。

さて、いま成仏の研究に入るに当って、まず順序としてもう一度仏陀の概念を明らかにしておきたいとおもう。けだし仏身論に於てすでに述べた様に、仏陀(Buddha)とは仏教の最高理想で、いうまでもなく、知れるもの、覚れるもの、目醒めたるものが仏陀である。[1] すなわち知らざるもの、迷えるもの、眠れるものに対して、仏陀をば知者といい覚者と称するのである。果してしからば知者といい覚者と称せられる仏陀は、いったい何を知り、何を悟れるものであるか。おもうにこれに対する解答には種々あろう。しかし前述の如く所詮、仏陀とは法《ダルマ》(dharma)を知れるものである。真理の法を覚れる者である。[2] すなわち宇宙の真理たる法の体験者が、とりも直さず仏陀である。ところでいまこれを歴史上の仏陀たる釈尊についてみるに、元来、人間の子である釈尊が仏となったことは、つまり真理の法の体験によってである。釈尊の菩提樹下成道とはまさしく法の体験を意味するものである。故に釈尊をして仏たらしめたものは真理である。しかもその法こそやがて三世諸仏の師であって、無師独悟といわれている釈尊もその法を所依とし、その法を師として、覚者となられたのである。従ってその法はもちろん釈尊によって初めて作られたものではない。それは釈尊の出世するとせざるとに関せず、真理の法は法として無始以来永遠に存在しているのである。釈尊はただこの法を親しく体得して、衆生の為にこれを分別し開示せられたのである。[3] 故にわれらにしてもしも如実に真理を体得しさえすれば何人も釈尊と同じく仏陀となりうるのである。で、問題はつまりただ法を体証するとせざるとにある。ところが仏教一般ではこの法を仏格化して直に法身（dharma-kāya）と称するのであるが、しかしそれは色もなければ形もない。ましてそこには音声説法はない。これに対して密教では、前述の如くあくまで法身には色形もあり、また説法もあるというのである。もっともこの問題はいままでにしばしば述べたことであるから、ここで改めて説明を要しないことであるが、とにかく法を理智に分ち、更にこれを理智不二の法身大日とし、そこに色相説法のあることを主張するのは、なんといっても密教の特色といわねばならない。(4) けだしいま密教の立場からすれば、釈尊が宇宙の真理たる法を体験したということは、畢竟法身大日如来の驚覚を蒙って仏になったということに外ならぬのである。すなわち竪に三世、横に十方に遍在して生滅なき法身をば、如実に観見することによって仏陀となったのである。これを裏面から言えば、大日如来が衆生摂化の為に普門示現して応化仏たる釈尊の相をとって現われたものだといってもよい。いずれにしても人の子である釈尊をしてまさしく仏たらしめたものは、実に法身大日である。法身大日こそ釈尊の師であり、その所依師である。しかも一歩飜って考えるに、法身大日の世界とは結局、六大一実の境界であり、阿字本不生の境地である。かるが故に釈尊菩提樹下の成道とは、つまり六大一実の境界・阿字本不生際を体得されたことを意味する。換言せば釈尊が菩提（bodhi）を証悟されたということは、実の如く自心を知ること（如実知自心）を体験されたことなのである。すなわち密教からすれば、菩提とはまさしく実の如く自心を知ることで、この如実知自心の世界が、とりも直さず一切智々たる仏陀の境地なのである。[5] 従って密教に於ていかにして成仏すべきかということは、結局いかにして実の如く自心を知るかということである。すなわち成仏がそのまま実の如く自心を知ることであり、実の如く自心を知ることがそのまま成仏なのである。法を体験するということも、菩提を証悟するということも、法身大日を観見するということも、仏陀となるということも、それは結局、「実の如く自心を知る」の一句に還元されるのである。しかもこの自知（Selbstbewußtsein）ということは、あながち密教独自の思想というわけではない。すなわち弘法大師が『十住心論』（『大師全集』一、三九七）で、

「『経』に〈云何《いかん》が菩提《ぼだい》とならば、いはく、実の如く自心を知る〉といつぱ、これこの一句に無量の義を含めり。竪には十重の浅深を顕はし、横に塵数《じんじゅ》の広多を示す。」

といっていられる如く、たとえこの「実の如く自心を知る」の一句には重々浅深の不同があるとしても、実は一切の仏教悉くこの一句に摂め尽くされるのである。

二

顧みておもう。娑羅林中入滅の夕における釈尊の最後の言葉は何であったか。

「阿難陀よ、比丘は自らを燈明とし、自らを帰依とし、他を帰依とせず。法を燈明とし、法を帰依とし、他を帰依とすべからず。(6)」

それは有名なる二帰依二燈明の偉大なる宣言ではなかったか。自らを燈明とし自らに帰依すること、法を燈明とし法に帰依すること、それはまさしく二にして一である。自帰依、自燈明は、そのまま法帰依、法燈明である。法帰依、法燈明は、そのまま自帰依、自燈明である。真に自己をみるものは、また如実に法をみるものである。それと同様に、また本当に法をみるものにして、初めて真の自己をみることができるのである。しかもそれはただ帰依（namas）する心によってのみ、初めて可能である。おもうに自己の心内に光り輝ける真理の法を燈明として、自らこれに帰依し、まっしぐらに菩提の体験に精進すべきことを訓えられた釈尊の金言こそ、それはとりも直さず如実に自心を知る世界を道破せられたものに外ならない。かくて釈尊は、

「法を見るものは我を見る。我を観るものは法を観る(7)」

と叫ばれているのである。げに法をみるものにして、初めて真の釈尊をみることを得るのである。人の子としての釈尊は、八十の寿を色身の一期として、すでに円寂の雲にかくれた。しかし、仏陀の法身は永遠にして不滅である。たとえ釈尊の肉体は、われら凡夫と同じく荼毘一片の煙と化しても、仏陀の真身は永久に不滅である。いわゆる「滅する者滅せず」である。すなわち如来の法身は常住にして且つ不滅である。

さていまこうした釈尊金口の説法よりして、実の如く自心を知ることがわが仏教に於ていかなる価値と意義とを有するかを、類推するに難くないのである。すなわち釈尊を基調とせるあらゆる仏教は、帰する所この「実の如く自心を知る」の一句に悉く統一されるのである。まことにこの一句こそ大師のいえる如く、「竪には十重の浅深を顕わし、横には塵数の広多を示す」ものである。大小権実、顕密二教の差別も、つまりはこの一句をいかに取扱うかによって決定されるのである。しかもわが密教は、端的にこの「実の如く自心を知る」の一句を根本旗幟とし、これによってそこに甚深なる理論の哲学と、実践の宗教とを組織しているのである。この意味において、いままさに研究せんとする成仏論は、いかにしてわれらは成仏すべきか、の問題を考察せんとするものであって、それはやがていかにして「実の如く自心を知る」べきか、の問題への研究であるのである。以下、われらは項を改めておもむろにこの問題について研究の歩を進めていきたいとおもう。

註

（1）仏陀（buddha）とは、知る（budh）という語根からなる名詞で、覚者、知者の義である。普通には自覚（自利）覚他（利他）覚行円満（自利即利他）を仏陀と称している。けだしいわゆる仏の十号なるものは、よく仏陀の意味と内容を物語るものであるから左に十号を示しておく。

一、如来（tathāgata）実の如く真理を悟れるもの。
二、応供（arhat）世間の供養を受くべき価値あるもの。
三、正遍知（samyak-saṃbuddha）正しく普く一切を知れるもの。
四、明行足（vidyā-caraṇa-saṃpanna）知と行との一致せるもの。
五、善逝（sugata）悟りの彼岸に逝きしもの。
六、世間解（loka-vid）世間の実相を知るもの。
七、無上士（anuttara）無上最勝のもの。
八、調御丈夫（puruṣa-damya-sārathi）衆生を調御するもの。
九、天人師（śāstā devamanuṣyāṇām）人天の導師たるもの。
一〇、仏世尊（buddho bhagavān）世間に於て最も尊勝なる覚者。

（2）第三章仏身論の項を参照せよ。
（3）「縁起の法は我が所作にあらず、また余人の作にあらず。しかも彼の如来の世に出づるも及び未だ世に出でざるも法界は常住なり。彼の如来はこの法を自覚し、等正覚を成じて、衆生の為に分別し演説し開発し顕示したまふ」『雑阿含経』一二（大正蔵二、八五）。
（4）第一章教判論及び第三章仏身論の下参照。
（5）如実知自心の一句は、両部大経の骨目である。両部の大経は所詮この一句を種々なる方面より解説したるものに外ならない。
「この品は経の大意を統論《とうろん》す。いはゆる衆生の自心品は、すなはちこれ一切智々なり。実の如く了知するを名づけて、一切智者とす」『大日経疏』第一（大正蔵三九、五七九）。

「この経の中には自身の上に於て曼荼羅を建立す。自心と本尊との瑜伽を説く。広く阿字門に説く」『十八会指帰』（大正蔵一八、二八七）。

もっとも如実知自心の世界を詳述したるものは、いうまでもなく『大日経』及び『疏』であるが、かの経の「云何《いかん》が菩提とならば、いはく、如実知自心（実の如く自心を知る）」（大正蔵一八、一）は古来有名なる一句であって、経には因、根、究竟の三句の法門によって説明し、更に『疏』は種々なる方面よりこれを解説している、三句を参照せよ。
（6）『雑阿含経』二四（大正蔵二、七一七）。

『長阿含経』二、遊行経（大正蔵一、一五）。
Saṃyutta-nikāya. III 1. 3. 12 (PTS. vol. v. p. 163).
Digha-nikāya. XVI. Mahāparinibbāna-suttanta. 26 (PTS. vol. II p. 100)

（7）「已にそれ法を観ずる者は我を観る。已に法あればすなわち我あり」『増一阿含経』二〇（大正蔵二、六五二）。Vinaya piṭaka.(PTS. vol. III. p. 120).

第二節　成仏への道

一

すでに述べた如くおよそわが密教の立場からいえば、われらは本来仏である。本来法爾として、われらは理智不二の大日法身なのである。すなわちわれらの肉身はこれ胎蔵界曼荼羅であり、われらの精神は金剛界曼荼羅である。われらは実にそのままこれ両部不二の曼荼羅である。(1) ところで当為（Sollen）としてのわれらは、悟れる仏陀であるとしても、存在（Sein）としてのわれらは、依然として迷える凡夫である。あるべきものとしてはまさしく仏陀であるといっても、あるものとしてのわれらはどうみても一個の凡夫に過ぎない。換言せば、本有《ほんぬ》の立場においては凡夫即仏であるといっても、修生《しゅしょう》の立場に於ては凡夫は凡夫であり、仏陀は仏陀である。凡即是仏といっても、所詮それはあるべきものの問題であって、あるものの問題ではない。あるものとしてのわれらは、やはり人間苦に悩み、社会苦に苦しむ迷える凡夫である。故にわれらに使命づけられたる問題は、実に当為としての自己の発見である。仏陀としての自己を見出すことである。すなわちわれわれは本来仏であるということを、本当に自覚することである。端的にいえば「実の如く自心を知る」ことにあるのである。しかもそれがそのまま密教にいう所の成仏なのである。けだし密教では本有と修生とを区別して、「本有は砿中の金の如く、修生は砿垢を除きて金を得るが如し」(2)といっているが、われらは決して砿中の金を以て、直に金と考えてはならない。砿中の金は無論金であるには相違ない。しかし砿中の金は、依然として砿中の金である。金を獲るには須く砿垢を除かねばならない。専ら本有に立脚して、一惑未断の凡夫がそのまま是れ仏陀なりとて、修生の重大なる価値と意義とを忘却せるものは、これまさしく砿中の金と、砿垢を除きたる金とを混同するものに外ならない。(3)ここに於てか、いまやまさしくわれらは成仏への道についてさらに考察の歩を進めねばならないのである。おもうに成仏への第一歩は、いうまでもなく成仏せんとする意志《こころ》である。いわゆる「出家修道は本《もと》、「仏果を期《ご》す」の心がなければ、永遠に仏果を体験することは不可能である。成仏せんとする力強い意志が動く所に、初めて成仏は可能である。けだし仏教では、この成仏せんとする意志を称して発心（citta-utpāda）[4]または発菩提心（bodhi-citta-utpāda）というのである。げに発心こそ菩提を求むる心であって、それはまさしく成仏への第一歩である。しかもこの発心の問題こそ、実に成仏論において文字通り重要なる意義を有するものであるが故に、私はここでいささかこの問題について詳述したいとおもう。

二

おもうに独り仏教にかぎらずあらゆる宗教の出発点は、畢竟われらの人生に対する一つの覚醒《めざめ》である。われらは知ると知らざるとに拘らず、何人も宗教的意識をもっているのである。しかも平素官能的欲望の奴隷となり、ひたすら現実の生活に没頭しつつある間は、そうした宗教心なるものも、ただ意識の流れの一として意識下に潜在するのみで未だその作用をなさないが、しかし、ひとたび何かの動機すなわちいわゆる縁に会うと、それは判断《はっきり》と一つの宗教的要求となって現われて来るのである。例えば無常観とか、病弱観とか、または弱小観とか、罪悪観などの如き契機によって、これまで潜在意識として意識下にかくれていた宗教心は、忽然として顕在意識の型をとって宗教的回心（Conversion）すなわち発心となって顕われて来るのである。而してこの発心の動機については、いまここに掲げたような種々なる機縁があるが、その最も根本的なるものは、なんといっても人生に対する矛盾の悩みに外ならないとおもう。元来、仏教では一般にこの人生をば苦悩の世界とみている。いわゆる四苦といい八苦といわるべき種々なる苦悩の源泉は、所詮この矛盾の悩みに外ならぬのである。しかもその矛盾の悩みの基調は、帰するところ自己が自己に対して抱く矛盾の悩みであろう。なんとなれば、われら人間は、かりにこれを肉体的存在と、精神的存在との二方面に分ってみることができる。この場合、肉体的存在としての自己は、いうまでもなく必然因果の形式によって支配されるもので、何らの自由もなき自然的存在である。これに対して精神的存在としての自己は、つねに自由を求め、因果の束縛より脱却せんとする価値的存在である。一は存在《あるもの》としての自己であり、一は当為《あるべきもの》としての自己である。かくて現実と理想、あるものとあるべきものとの間には、絶えざる矛盾があり、争闘があり、苦悶がある。これがいわゆる人間苦であり、社会苦である。とにかく時の古今、洋の東西を論ぜず、われら人間の世界には、永遠にこうした矛盾の悩みが限りなく相続されているのである。曽てアリストテレス（Aristoteles B. C. 384—322）は宗教は人生に対する驚畏の念より起こるといったが、私は少くとも宗教の揺籃は、矛盾の悩みだとおもう。われらにしてひとたび真面目に自己を省み、人生を哲学した場合、必ずや何人も矛盾の苦悩に直面するのであって、この時初めてわれらは人生に眼醒めるのである。しかもその人生に対する覚醒こそ、とりも直さず自己が自己に対する眼醒めであって、それはいわゆる魂の故郷への思慕《エロース》であるといってもよい。けだしこうした境地を称して、仏教では発心といい、または発菩提心というのである。

　ところで成仏への第一歩は発心であり、その発心とは畢竟菩提心を発することだといったが、果してしからば、いうところの菩提心とはいったい如何なるものであるか。われらはここに当然、菩提心の内容について考察していかねばならぬ。さてわが密教では、龍樹の『菩提心論』[5]によって、菩提心をば次の如き三種の方面より説明するのである。それはいわゆる勝義、行願、三摩地である。[6]申すまでもなくこれは菩提心の内容を暫く知情意の三種の方面より解説したるもので、菩提心を知識的方面からみたものが勝義心であり、感情的方面からみたものが行願心であり、意志的方面よりみたものが三摩地心である。すなわち詳しくいうならば、勝義心とは、捨劣得勝《しゃれっとくしょう》（劣った教えを捨て勝れた意義を得る）の心で人生を哲学することによって、おもむろに一切の哲学や宗教の価値を批判し、智的に真の宗教理想を見出す心である。端的にいえば、いわゆる「一向に一切智々を志求す」

の心である。次に行願心とは、同体大悲の心で一切の衆生をみることあたかも我が身の如く観じて、大慈悲の心を以て普く法界の衆生を救済せんとする利他の心である。別言せばいわゆる「必ずまさに普く法界の衆生を度すべし」の心である。次に三摩地心とは、元来三摩地（samādhi 等持）とは、心を一境に専注することで、いわゆる自己の真面目を自覚し、凡聖不二、生仏一如の体験に立脚して、あくまで宗教的価値を如実に体証せんとする心である。けだし以上の如く菩提心には三種の内容をもっているが、この中で最も根本的なものは、実に三摩地の菩提心である。なんとなれば、元来、勝義と行願とはいわゆる自利と利他で、それは常途浅略《じょうずせんりゃく》の顕教にも通ずるのである。すなわち一般仏教共通の所談である。ところがこの三摩地のみは、ただ密教不共《ふぐう》の思想と称せられている。(7) もっとも三摩地を訳して禅定、等至、または等持などというだけでは、つまり心を鎮めて一境に専注せしむることであるから、顕教所説の禅定、三昧などと何ら異なる所もないのであるが、密教の三摩地、『菩提心論』のいわゆる「惟し真言法の中にのみ即身成仏するが故にこれ三摩地の法を説く」というその三摩地こそは、「諸教の中に於て闕《けつ》して書《しょ》せざる」ものであって、それこそわが密教独自の思想である。端的にいえば、密教の三摩地は所詮六大一実、阿字本不生の心地である。衆生色心の実相はこれ両部曼荼羅なりという三摩地である。従ってそれは菩提心の本体であって、能求《のうぐ》であると共にまた所求《しょぐ》である。この意味に於て密教にいう発菩提心とは、つまり六大の体性を覚悟し、凡即是仏の観念に立脚して、上求、下化の二利の心を発することとである。すなわち菩提心の本体たる三摩地は、いわゆる大定で、菩提心の本体としての決定諦信の世界を指すものである。これに対してその三摩地の作用たる勝義と行願とは大智と大悲で、それはつまり勇猛精進と慈悲博愛の精神を表示したものということができる。これによってみるに、いう所の菩提心とは、結局われら人間の純真なる生命そのものである。従ってその菩提心を発すとは、つまり知情意の統一による絶対にして純真なる生命を実現せんとすることとである。すなわちそれは人間の抑止することのできない内心至奥の要求をまさしく実現せんとする発菩提心である。換言せば、誓心決定して如実に成仏への道を辿らんとすることが、とりも直さず発菩提心である。しかもこの発心することが成仏論に於て、いかなる位置を占めているかということは、いまさら改めていうまでもないのである。故に『菩提心論』にも、

「まさに、かくの如くの心《しん》を発《おこ》すべし、我今、阿耨多羅三藐三菩提《あのくたらさんみやくさんぼだい》を志求《しぐ》して余果を求めじと誓心決定するが故に、魔宮震動し十方の諸仏皆悉く証知したまふ。(8)」

といって、発心の徳を讃歎しているのである。いわゆる魔宮震動といった様な象徴的表現によって

発菩提心の功徳を推称しているのである。

しかるにいま更に一歩進んで考えるに、龍樹は菩提心の内容を勝義、行願、三摩地の三種の方面より解説しているが、この三種はつまり信心の一句に帰してしまうのである。なんとなれば、弘法大師は『三昧耶戒序』（『大師全集』二、一三三）において、菩提心を信心、大悲心、勝義心、大菩提心の四種に分類されているが、[9] 大師によればこの中で信心がその基調なのである。すなわち信心が菩提心の全体（総）で、他の三種の心は部分（別）である。故に大師は『釈摩訶衍論』の説を依用して信心の内容をば十種に分析してこれを詳述し、[10] 以て菩提心の本質としての信心が、いかに重大なる宗教的価値をもっているかを高調せられているのである。げに疏家もいう如く、菩提心とはすなわちこれ白浄信心である。[11] 白浄信心こそ菩提心の体である。故に密教にいうところの発心すなわち発菩提心とは、所詮菩提の理想を憬れて、深くそれを信ずる心を発すことである。仏果菩提を思慕して、それを諦め信ずる心を発すことが、とりも直さず菩提心を発すことなのである。[12]

おもうにいずれの宗教においても、その最も重要なるものは、帰するところ信心である。この信心すなわち信ずる心を度外視して、少くとも一切の宗教は成立しない。従って信心こそ一切の宗教の成立根拠である。ところが普通に信心といえば、いかにも人間の理智を無視したるただ感情一片のもの如く考えられている。例えばかのシュライエルマッヘル（Schleiermacher 1768—1834）が宗教を絶対帰依の感情（schlechthinniges Abhängigkeitsgefühl）というが如く、一般に宗教は理智の要求を無視したただ感情のみの世界であるが如く考えられているが、それはもとより誤解である。もっとも彼のいう所の感情とは単なる感情ではなくて、つまりある絶対者に対する敬虔の情として現われたる宗教的意識の意味である。けだし仏教にいう所の信心とは、つまりかのジェームス（William James 1842—1910）などの云える如く、(13) 人間の理智が究極する所に現われるものである。換言すれば、理論的探究の最後に現われる不安なき精神状態が信心なのである。故に信心の内容は少くとも知情意の統一によって裏づけられている。従ってその信心が他力的であれ、自力的であれ、すなわち自己自ら発した信心であれ、仏より廻向された信心であれ、その信心の極致は、つまり一切の精神的煩悶が払拭された安心立命、決定諦信の世界である。しかもそこには自ら救済の感情も、解脱の観念も生じて来るのである。かかる意味において、あらゆる宗教は文字通り信心為本である。げに信心こそ仏法の大海に入る唯一の道であって、それは宗教の最初であって同時にまた最後である。

註

（1）第四章仏身論、第四節両部曼荼羅論参照。

（2）「本有とは万徳円満。もしは凡夫、もしは聖者、その徳、互ひに具足して欠減なきなり。たとへば砿中の金、暗中の荘厳等の如し。これ、本有といふなり。修生とは彼の本有の徳、互ひに顕現す。観行力を以てこれを開発す、漸々に修習して次第に出生するが故に修生といふなり」（『真言名目』一九頁）。

（3）古来わが国の密教には、本有家《ほんぬけ》と修生家《しゅしょうけ》との二大学派がある。本有家は本来具有を意味する本有に立脚し、修生家は修習出生を意味する修生門に立脚せるものである。無論両者は各拠一義で、一法の両義であるが、哲学上の理論の問題としてはともかく、宗教上の実践の問題としては何処までも修生を中心とせねばならぬ。少くとも宗教は語るより歩むところにある以上、実践門の宗教としてわれらは修生をとらねばならぬとおもう。而して本有家の代表者は高野山の道範、東寺の頼宝、杲宝、賢宝（三宝）及び勧修寺道宝等である。これに対して修生家の代表者としては根来山の頼瑜、聖憲、高野山の宥快等が挙げられる。

（4）発心の問題について、密教には古来、新古を通じて教学的に種々なる議論がある。いま一二の例を挙ぐれば、「発心即到」、「発心識体」の論議などの如きである。前者は発心の後修行を待たずして成仏するものありや否やの論議で、難者はすべては三密の修行を必要とすといい、答者は修行を待たずして成仏すべきものありというのである。詳しくは『大疏第三重』三、及び『宗義決択集』第八等をみるべきである。次に後者は発心の識体は、八識の中に於て、第六識なりや、第八識なりやを論ずるもので、古義にては（『宗義決択集』第八）発心の識体は第八識なりといい、新義にては（『大疏第三重』第五）発心の識体は第六識なりという。ちなみに以上は地前の最初発心に約していえるものであって、この場合は第六識を以て発心の識体とする方が親しいが、地上の発心に約していえば、それはちょうどかの『起信論』の三種発心（信成就発心、解行発心、証発心）の中、まさしく証発心に相当するものであるから、その場合における発心の識体は第八識とみる方が妥当であるようにおもう。

（5）具名を『金剛頂瑜伽中発阿耨多羅三藐三菩提心論』といい、または『発菩提心論』ともいう。これの作者について古来異説がある。例えば智証大師の如きはつとにこの論を『貞元録』に不空集とあるからという理由で、龍樹の真撰ではなくて、不空の著述だといっているが、しかしこれは智証の錯誤で、現に『貞元録』二七は『集』とはなく『訳』とある。また当論の三摩地段に『大日経供養次第法』の文や、『大日経疏』の文が挿入されている所から龍樹の真撰ではないと断定するものもあるが、これは恐らく早計で、つまりそれは翻訳者が文義を明らかにせんが為に註として書き加えたものとみるべきである。いずれにしても密教の立場からは『菩提心論』は正しく龍樹の真撰で、弘法大師の真言密教の組織には『釈論』と共に、重要なる素材となっているのである。これについて大師は『二教論』巻上で次の如くいっていられる。

「この論は龍樹大聖所造の千部の論の中の密蔵の肝心の論なり。この故に顕密二教の差別・浅深および成仏の遅速・勝劣、みなこの中に説けり。」

(6)『菩提心論』には「このゆえに菩提を求むる者は菩提心を発して菩提の行を修す。既にかくの如くの心を発し已って須く菩提心の行相を知るべし。その行相とは三門を以て分別す、諸仏菩薩、昔、因地に在してこの心を発し已って勝義行願三摩地を戒となす。乃《なお》し成仏に至るまで時として暫くも忘るることなし」とて、詳しく三種の菩提心の内容を説明している。

(7)『菩提心論』には「惟《ただ》し真言法の中にのみ即身成仏するが故に是れ三摩地の法を説く、諸教の中に於て闕して書せざる」といい、更にその三摩地について次の如くいう。

「三摩地といふは真言行人かくの如く観じ已って云何《いかん》がよく無上菩提を証する、まさに知るべし、法爾に普賢大菩提心に住すべし。一切衆生は本有《ほんぬ》の薩埵なれども貪瞋痴の煩悩の為に縛せらるるが故に諸仏の大悲善巧智を以てこの甚深秘密瑜伽を説いて修行者をして内心の中に於いて日月輪を観ぜしむ。この観をなすによつて本心を照見するに湛然として清浄なることなほし満月の光の虚空に遍じて分別する所なきが如し。または無覚了と名づけまたは浄法界と名づけまたは実相般若波羅蜜海と名づく、よく種々無量の珍宝三摩地を含すること、なほし満月の潔白分明なるが如し、なんとなれば、いはく一切有情は、悉く普賢の心を含せり、我れ自心を見るに形月輪の如し。何が故にか月輪を以つて喩とするとならば、いはく満月円明の体はすなはち菩提心と相類せり。」

すなわち心中に月輪を観ずるとは、心内の菩提心が月輪に似ているからである。なんとなれば月の新月の時にその光りは殆どみえざるも、日を経る毎に次第にその光を増し、第十六日に至りて円満なる如く、われら心中の菩提心の顕現もちょうどそれと同様であるから、初め金剛薩埵より終り金剛拳に至る十六大菩薩生をば月輪に喩えたものである。しかも十六大菩薩生とは五仏の徳で、その五仏は畢竟大日如来である。故に開けば十大菩薩、合すれば大日如来の一徳たる菩薩心となるわけである（両部曼荼羅参照）。

（8）阿耨多羅三藐三菩提とは梵語のアヌッタラ・サムヤク・サンボーディ（anuttarā-samyak-saṃbodhi）で阿耨多羅（an 無 uttara 上）とは無上の義、三藐（samyak）とは正等、三菩提（saṃbodhi）とは正覚の意味であるから、無上正等正覚と訳さるべき語である。つまり仏果を指していったものである。

（9）「もし善男子善女人比丘比丘尼清信男女等あつて、この乗に入つて修行せんと欲《おも》はんものは、先づ四種の心を発《おこ》すべし。一には信心、二には大悲心、三には勝義心、四には大菩提心なり」『三昧耶戒序』（『大師全集』二、一三三）。

（10）「初めに信心とは、決定堅固にして退失なからんと欲《ねが》ふがための故にこの心を発す。これに十種あり。一には澄浄の義、よく心性をして清浄明白ならしむるが故に。二には決定の義、よく心性をして淳《もっぱ》ら堅固に至らしむるが故に。三には歓喜の義、よく諸の憂悩を断除せしむるが故に。四には無厭の義、よく懈怠の心を断除せしむるが故に。五には随喜の義、他の勝行において同心を発起するが故に。六には尊重の義、諸の有徳において軽賤せざるが故に。七には随順の義、見聞する所に随つて違逆せざるが故に。

八には讃歎の義、かの勝行に随って心を至して称歎するが故に。九には不壊の義、専ら一心に在りて忘失せざるが故に。十には愛楽の義、よく慈悲心を成就せしむるが故なり」『三昧耶戒序』(『大師全集』二、一三三)。

(11) 「菩提心はすなはちこれ白浄信心の義なり。釈論にまたいはく、仏法の大海は信を能入とす」『大日経疏』第一(大正蔵三九、五八七)。

(12) 菩提心をそのまま信心と解するについて、古来学者間に随分議論がある。すなわち『疏』第一に「菩提心者白浄信心」といい、『三昧耶戒序』に四種心を説いて信心を第一とするより、智(菩提)と信との相互関係について、かなり喧ましい議論が行われている。詳しくは『真言本母集』第八。『宗義決択集』第八等をみよ。

(13) William James : Principle of psychology p. 283.

第三節　成仏への方法

一

成仏への道において、私は発心がその第一歩であることをいった。そしてその発心はとりも直さず菩提を求むる心を発《おこ》すことで、それはやがて信心を発すことであるということを述べておいた。いまや私は更に進んでこの発心がいかにして成仏へ導かれるか。換言すれば成仏への出発点としての発心は、果していかなる過程を辿って、最後の目的地へ到達するかの問題について考察したいとおもう。けだし『大日経[1]』所説の三句の思想こそ、まさしくこの問題を解くべき秘鍵《かぎ》である。で、私はここに三句《さんぐ》の思想を説く事によって、いかにして発心が成仏の世界へ導かれるかの問題を研究していきたいとおもう。

さて、申すまでもなく三句とは、因（hetu）根（mūla）究竟（paryavasāna）である。詳しくいえば菩提心（bodhi-citta）為レ因、大悲（mahākaruṇā）為レ根、方便（upāya）為二究竟一である。すなわちそれはつまり因、行、果で発心の因と、修行の縁と、究竟の証果とを表現せるものである。すでに述べた如く、元来、成仏への道に於て、その根本原因たるものは実に菩提心である。菩提を求むる心を発すことが、その第一条件なのである。しかし、たとえ菩提心を発したとしても、それをしてまさしく実現せしむべき努力すなわち修行がなかったならば、それは永久に成仏という結果を将来することはできない。換言すれば菩提心という因だけで、これを扶くる縁なき時には、決して成仏という結果は生じない。ちょうどそれは草木の種子に対する日光、土壌、水分、温度などの如き関係である。すなわち、たとえここに種子(因)があったとしても、これを土中に播き、これに適当な水分と温度と栄養とを加えなかったならば、その種子は種子として枯死するのみで、何時まで経っても花は咲かず果実も結ばない。結局、何事も因と縁と和合してこそ、初めて結果は生ずるのである。縁欠不生とは、少くともわれらの世界に於ては普遍妥当性を有する真理である。かるが故にかりに成仏の因たる菩提心があったとした所で、これをして親しく実現せしむべき実践修行の縁なき時は、あたかも水分、土壌、日光などの縁を離れた草木の種子の如く、たとえ百千万劫を経るとも成仏という結果は決して起こらない。かくてここに菩提心の因をして、まさしく実現せしむる修行の必要が生ずるのである。けだし大悲為根とは、菩提心の因に対する修行の縁に相当するもので、この大悲万行の増上縁によって、ここに究竟の仏果は円成されるのである。ところでこの大悲為根について古来学者間に於て種々なる議論もあるが、[2] 要するにこれは宗教的実践修行を指したものので、その修行の要諦はもちろん成仏を理想とするものではあるが、それと同時にそれはまたどこまでも大悲が中心でなければならぬ。故にこの修行をば大悲為根といったのである。元来、大乗仏教では普通に菩提を志求して精進するものを菩薩(bodhisattva)といっている。[3] 而して菩薩とは覚らんとする有情《ひと》であり、覚らしめんとする有情《ひと》である。すなわち「上求菩提」の人であり、「下化衆生」の人である。確固不抜の精神を以て菩提の体験に努力する人であると同時に、普く一切の大衆を利益し摂受せんとする人である。換言すれば、一向に一切智々(仏)を志求する人であると共に、必ず当に普く法界の衆生を度せんと念ずる人である。しかもその自利(自覚)の本願は専ら利他(覚他)にある。利他せんが為に自利するのである。下化衆生の為の上求菩提である。しかし真に化他の大行を果遂せんと欲せば、勢いまず自利に徹しなければならぬ。自ら暗うして他を照らすことは永遠に不可能である。故に菩提を求むるものは、必ずまず自利に徹せんとするのである。しかもその自利は利他に即せる自利であるから、それを称して大悲為根といい、または大悲万行というのである。けだしこの自利と利他との完成された境地が、とりも直さず成仏の天地で、これを三句に配していえば菩提心の因と、大悲万行の縁とがまさしく円成された世界が、すなわちこれ方便為究竟の仏果である。この意味に於て三句は、最もよく真言密教の根本的立場を示すと共に、それはまた横に一切仏教を統一するもので、(4) 実をいえば一切の仏教悉くこの三句を出ないのである。故に弘法大師も『吽字義』に於て、「『大日経』、『金剛頂経』に明かすところ、みなこの菩提を因とし、大悲を根とし、方便を究竟となすの三句に過ぎず。もし広を摂して略につき、末を摂して本に帰すれば、すなはち一切の教義この三句に過ぎず。この三句を束ねてもつて一の吽となす。広すれども乱れず、略すれど漏れず。これすなはち如来不思議の力、法然加持のなすところなり。千経万論といへどもまたこの三句一字を出でず」といっているのである。

二

翻っていまこの三句の思想内容を考察するに、因、根、究竟の三句は、要するに阿字の五転といわれる、発心、修行、菩提、涅槃、方便を意味するものである。すなわち発心は菩提心為因であり、修行は大悲為根である。菩提（自利）と涅槃（利他）と方便（自利利他円満）とは、方便為究竟を開説したものである。従って三句と五転とは結局、開合の不同である。開けば五転、摂すれば三句

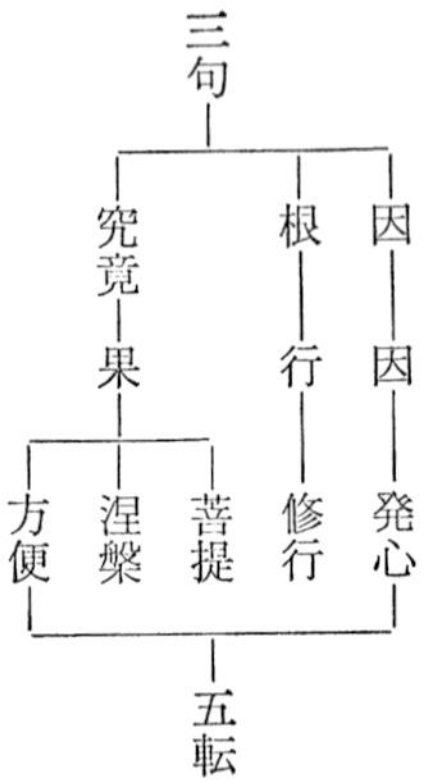

であって、その三句も帰するところ一阿字に還元されるのである。(5)

しかるにこの五転を解釈するに、古来二種の見方がある。それは東因発心説と中因発心説とである。(6) 而して両者は発心の位を東方阿閦仏の位とするか、中央大日如来を発心の位とするかの相違で、結局、上転向上門に約せば東因説であり、下転向下門に約せば中因説をとるべきで、いずれにしても両者は各拠一義、一法の両義に過ぎないのである。故にわれらはまず当面の問題として修行の問題について考察の歩を進めていきたいとおもう。

さて密教における修行の根本指針は、いうまでもなく三密の修行である。三密こそ三密の妙行といわれるもので、それは密教独自の修行である。故に古来わが真言密教をばまた三密宗、瑜伽宗などと称しているのである。ところでこの三密の修行については、すでに第二章教理論の三大思想の中に於て、大日法身の作用としての三密を説明した時、一応この実践修行としての三密にも触れておいたが、順序として簡単に再びこの問題を述べておきたいとおもう。改めて申すまでもなく、三密とは身口意の三密で、手に印（mudrā）を結び、口に真言（mantra）を誦え、意《こころ》を三摩地（samādhi）に住することである。まず手に印を結ぶとは、われらの身業をして仏の身業に同ぜしめることで、諸仏が所持せる持物（三摩耶形）、及び手に結べる印相は、悉く仏の理想の世界すなわち本誓《ほんぜい》（理想）を象徴せるものであるから、まずわれらは手に印を結ぶことによって、仏の本誓をそのまま自己の生活の理想として、これを如実に実現せんと努力せねばならぬ。すなわちわれらの身体上の行為をして、そのままつねに仏作仏業たらしめねばならぬ。この故に手に印を結ぶこと、すなわち両手（両羽）の屈伸交叉によって種々なる印を結ぶことは、つまりわれらの身体上の動作をして、仏のそれと同一ならしめんとする修行なのである。次に口に真言(7)を誦えることは、われらの口業をして、仏の口密に同ぜしめることである。すなわち諸仏の真言は、何らの虚偽なき真実の言葉である。いわゆる真理の言葉である。普遍妥当性をもった理なる言葉である。故にわれらが仏の真言を唱えることは、つまりわれらのつねに用うる言語を止揚することによって、仏の真言と同一ならしめることである。而して密教では真言念誦の功徳の甚深なることを高調するのであって、たとえ諸仏の真言の意味を十分に理解せずとも、それをただ念誦するだけでもそこには不可思議なる功徳があるというのである。しかも三密修行の方規としては口に真言を誦ずることによって、われらの口業をして仏の口密と等同ならしめんとすることである。次に意（心）を三摩地に住するとは、まさしくわれらの意業をして仏の意業たらしめんとすることであって、この意密が結局この三密の修行中ではその根本となるべきものであるから、三密宗と称する真言密教をば、また三摩地宗ともいわれるのである。而していうところの三摩地とは、すでに菩提心の内容の説明において述べたことであるが、それは畢竟動揺つねなきわれらの精神を統一して、生仏不二の観念に住せしめることである。換言せば、われらの心を阿字本不生、六大一実の境に専注せしめることであって、所詮それは凡聖不二、仏凡一体の観想に外ならないのである。この意味において密教に説く所の観法、観想、観念にはもとより種々なる区別があるが、[8]要するにそれは心を生仏不二の観に住せしむることである。すなわちわれらは本来仏なりとの観念に住して、われらの意業をして仏の意密に同ぜしむることが、とりも直さず意密の修行なのである。かくてわれらの三業がまさしく成就するとき、われらのあるものとしての三業は、あるべきものとしての三密となり、衆生の三密は仏の三密と瑜伽（yoga 相応）[9]し、ここにわれらと仏とは彼此渉入し、仏我に入り、我また仏に入り、ついにわれらは仏において自己をみ、自己に於て仏をみるのであって、ここに初めて密教の理想たる菩提は円成し体験されるのである。[10]しかも真に三密の修行に体達したるものは、その日常の生活がそのまま三密の修行となるのであって、いわゆる手を挙げ足を動かすは皆密印を成ず（身）であり、口を開き声を発するは悉く是れ真言（口）であり、心を起こし念を動ずるは咸《みな》、妙観を成ずる（意）のである。すなわち有相の三密がやがて無相の三密に止揚される時、初めてわれらの現実生活は、そのまま真の宗教生活となるのである。けだし真言密教にいうところの宗教生活の本質とは、まさしくこの無相の三密の体験にあることはいうまでもない。(1)

註

（1）三句の思想はもと『大日経』住心品（大正蔵一八、一）に出ず。すなわち「かくの如くの智慧は何を以て因となし、云何が根となし、云何が究竟とす」という金剛手秘密主の発問に対して、仏が「菩提心を因となし、大悲を根となし、方便を究竟となす」と答えられたもので、これがいわゆる三句の法門である。ちょうどかの草木の種子（因）が外界の種々なる縁によって根を生じ（根）、次第に成長して果実を結ぶ（究竟）が如く、菩提心の因と、大悲万行の縁とによって、ここにまさしく菩提の智慧を円成することを説いたものがこの三句である。しかもその所求の菩提とは、「云何が菩提とならば、いはく実の如く自心を知るなり」（住心品）であるから、菩提を体験することは、つまり如実知自心であるわけである。而してこの三句の法門を解するについて古来四重秘釈の説がある。第一浅略釈とは地前地上合論の三句で、地前地上に亙りて三句を立つるものである。第二深秘釈とは、地上分証の機根に約するもので、地上に三句を立つるものである。すなわち初地を因とし、二地より七地までを根とし、八九十地を究竟とするのである。第三秘中秘釈とは初地の一位に三句を経て自証円満し、二地以上は化他方便となすもので、これは初地即極の機に約せるものである。第四秘々中秘釈とは、地前地上是れ普門法身の体性、一切衆生は是れ本有の薩埵なりとするもので、これは発心即到の機に約せるものである。なおこの外、長の三句、短の三句の説がある。すなわち長の三句とは地上分証の機に約する如き十地に亘って三句を分つをいい、短の三句とは十地の中初地にも三句あり、二地にも三句ありという説である。この外三句を解するに従因向果（修行者の因より果に至る法相）と従果向因（仏地の法体に約す）の二つの見方もある。なお詳しくは『疏』第一（大正蔵三九、五八六）及び『疏』第三（大正蔵三九、六一〇）をみよ。

（2）大悲が根を成ずるか、大悲がそのまま根なるか、別言せば大悲生根か、大悲即根なるかについて、古来学者の間に異説がある。而してこの場合いずれにも解せられるが、しかし大悲即根と解すべきがよいとおもう。詳しくは『宗義決択集』（巻一三、一〇丁）及び『第三重』（巻五、一一丁）等をみよ。

（3）菩提薩埵（bodhi-sattva）を訳して、道心衆生（旧訳）または覚有情（新訳）といっている。すなわち菩薩とは、覚らんとする有情（自利）であり、覚らしめんとする有情（利他）である。而して薩埵（sattva）には有情の義、勇猛の義があるから、モニエル・ウイリアムスが、Bodhi-sattva-he has strong character in seeking enlightenment. といっていることは適訳で、つまり菩薩とは二利の生活に精進する人である。

（4）「この三句の義の中に、悉く一切の仏法、秘密神力、甚深の事を摂するを以ての故に」『疏』第一（大正蔵三九、五八六）。

（5）阿字の四（点即ち 𑖀（ア）𑖁（アー）𑖀𑖽（アン）𑖀𑖾（アク）より、いわゆる五点の阿字 𑖁𑖽𑖾（アンク）を作って、大日の種子とし、この総別の五点を以て、発心、修行、菩提、涅槃、方便の五転に配するものである。「いはく阿字より三字を出して四字を成ず。この四を合して一となして、しかも一切処に遍布せり。」『大日経疏』第十一（大正蔵三九、六九四）また「この阿に五種有り、阿阿長・暗・悪・悪長なり」『疏』第十四（大正蔵三九、七二二）。

(6) 東因発心説は、善無畏系統の発心説で、これを始覚上転の五転、またはただ修生の五転といっている。この説によれば発心を阿閦仏の位とし因より果に昇進する説であるから、従って方便究竟は大日の位である。これに対して中因発心説は、金剛智・不空系統の発心説で、これをまた本覚下転門の五転、本修合論の五転といっている。この説によれば発心の位は中央大日で、東方阿閦仏の位は修行の位、北方釈迦の位が方便の位である。試みに両者の立場を図示すれば左の如し。

東因発心説

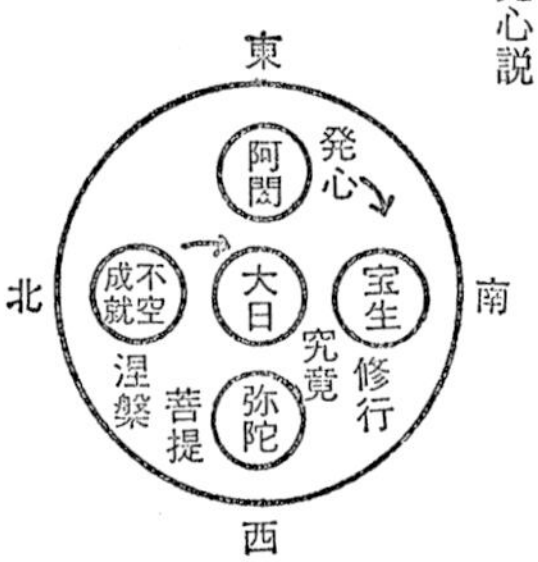

五仏	五大	五方	五位	五智	五字
阿閦	地	東	因	大円	[illegible]
宝生	水	南	行	平等	[illegible]
弥陀	火	西	証	妙観	[illegible]
不空	風	北	入	成所	[illegible]
大日	空	中	方便	法界	[illegible]

中因発心説

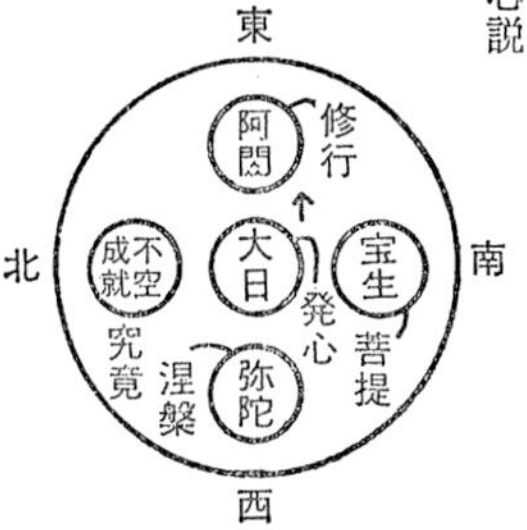

五仏	五大	五方	五位	五行	五字
阿閦	空	東	行	木	[illegible]
宝生	風	南	証	火	[illegible]
弥陀	火	西	入	金	[illegible]
不空	水	北	方便	水	[illegible]
大日	地	中	因	土	𑖀

（7）真言は梵語の曼怛羅《マントラ》（mantra）で、訳して明、呪、密語、如語などという。而して諸仏の真言の形式には種々あるが、諸尊の種子の名号に帰命の義たるオン、またはナウマクサマンダボタナン、及び成就の義を表現するソワカの句を加えたるものが多い。

（8）密教の修行は三密の妙行を以てその中心とするのであるが、その三密の中の意密すなわち心を三摩地に住するという、その観法または観想には種々なる区別がある。しかもその重なるものは阿字観（本不生観）と五相成身観であろう。阿字観とは大日経系統の観法で、阿字本不生際を観ずるのである。而してその観想の次第は、第一にまず声、第二に字、第三に実相を観ずるものである。（第二章教理論の中の阿字体大説参照）。しかもこの阿字観に徹するとき、われら凡身のまま即身に成仏しうるのである。これについて興教大師の『𑖀字観』（または『阿字功徳抄』という）（『興教大師全集』五八三）に次の如くいう。

「此ノ字ニウルハシキ観ノ候也。𑖀字ハ是レ諸字ノ母也。能多クノ字ヲ生ズト申シ候ハ、𑖀字ト申シ候一字ノ真言ガ、一切ノ陀羅尼ノ字ヲウミ出シテ候間、𑖀字ハ一切ノ真言ノ親ニテ候也。法即仏ト申シ候ハ、𑖀字ヨリ出シテ候一切ノ陀羅尼ヲ申シ候也。一切ノ陀羅尼ガ、一切ノ仏ヲ生ジ候也。――病ノ大事ニ成リ候ヘバ、唯出入ル息ガ則𑖀字ニテ候。三世十方一切ノ諸仏ノ真言ヲ唱ヘ候時ニ、唯声ヲ出シテ念仏ヲ申シ候ハンモ浅マシキコトニテ候。出入ル息ニ浄心ヲ留メテ、殊勝ノ真言ヲ満ルト思召テ、如何《いか》ニモ如何ニモ余念ヲ止テ、唯此ノ𑖀字ノ一法ニ心ヲ留メサセ給ヒ候ヘシ。頓証菩提ノ道、是ニ過タルハ候マジキ事ニテ候也。」

ちなみに阿字観に関する文献は古来その数極めて多い。水原堯栄著『密教観法私考』に古来の撰述を列記する。

次に五相成身観は『金剛頂経』系統の観法である。すなわち因より果に至る過程を五種に分ちて観ずるのである。これについてはすでに「両部曼荼羅論」の中で説明したから、ここでは、その説明を略してただその内容を図示するに止める。

一、通達菩提心――自心を観ず ┐
二、修 菩 提 心――自心の菩提心を観ず ┘―種子観

三、成金剛心——本尊の三摩耶形を観ず
　1、広金剛——本尊の三形を法界に遍満せしむ
　2、斂金剛——其の三形を自身の裡に斂む
四、証金剛身——本尊の三形を自身に入れる
（三、四）——三形観
五、仏身円満——本尊と自身と冥合一致して仏身円満す——尊形観

なおこの他、十喩観(十縁生句観)というのがある。これは客観の境界に対する執着を打破する観法で、それは幻、陽焔、夢、影、乾《げ》闥婆城《だつばじょう》、響、水月、浮泡、虚空華、旋《せ》火《か》輪《りん》である。すなわちこれについて『大日経』住心品（大正蔵一八、三）に次の如くいう。「もし真言門にて菩薩行を修する諸の菩薩は深く修して十縁生句を観察し、まさに真言行に於て通達し作証すべし」とて前述の十種の譬喩を挙げている。而してこの十喩観について三重の見方がある。すなわち一は即空幻（因縁生の故に無自性と観ず）、二は即心幻（唯心所変の故に執着すべからずと観ず）、三は即不思議幻（心また不可得なりと観ず）。すなわち密教はこの即不思議幻の観点に立って一切を観察するものである。

（9）「瑜伽(yoga)とは訳して相応とす。もし女声を以てこれを呼ばば、すなはち瑜祇といふ。いはゆる相応とは、すなはちこれ観と行と（相）応し理（解）する人なり。」『大日経疏』第二（大正蔵三九、六〇一）

（10）瑜伽の観行が成就された境地を『疏』第三（大正蔵三九、六〇八）には上中下の三種に分ち、いわゆる三品悉地（siddhi〔成就〕）と称している。

「この中に悉地宮といふに、上中下あり。上はいはく密厳仏国にして、三界を出過して、二乗の見聞し得る所に非ず。中はいはく十方の浄厳、下は謂く諸天修羅宮等なり。」

すなわち上品は密厳浄土で自性法身の浄土である。次に中品は十方浄土で、受用、変化二法身の浄土で弥陀の報身報土や、また弥勒の兜率天の応身応土等はこれに摂せられる。

次に下品は諸天修羅宮で、これは等流法身すなわち六道の凡夫の浄土である。従って上品はこれ普門の悉地であり、中下の二品は一門の悉地である。しかも一門即普門であり、普門即一門であるから、たとえ表面三品は勝劣浅深の区別あるが如きも事実は無浅深で、つまりは衆生観見の不同に過ぎないので一生成仏の上の三品なのである。故に興教大師も『五輪九字秘釈』(『興教大師全集』一頁)に「まさに知るべし、十方浄土はみなこれ一仏の化土、一切如来は悉くこれ大日なり。毘盧、弥陀は同体の異名、極楽・密厳は名、異にして、一処なり」という。

(11) 三密修行について、古来、三密具闕の問題がある。これは菩提の体験には、三密双修でなければならぬか否かの問題である。換言せば一密二密にて成仏は可能なりや否やの問題である。これについては新古各々その立場を異にしている。古義派では三密双修せざれば証果すること能わずといい(『宗義決択集』第九参照)、新義派にては一密二密にても証果し得と主張するのである(『第三重』第一)。けだし両者の立場の相違は、つまり所被の機根に関する新古の見方の相違によるものである。いま試みに新古の機根論を図示せば左の如し。(林田光禅著『真言宗綱要』六八頁参照)。

（a）古義の機根論

- 所被の機根
  - 迂廻
  - 漸入
  - 直往
    - 結縁機（小機）
    - 傍　機（小機）
    - 正　機（大機）
      - 頓
      - 漸
      - 超

（b）新義の機根論

（1）興教大師の機根論

- 所被機根
  - 現身往生
    - 一、大機即身成仏
      - 利根
      - 鈍根
    - 二、小機即身成仏
      - 利根
      - 鈍根
  - 順次往生
    - 但信行浅之機

（2）　聖憲の機根論

- 所被機根
  - 三密具足機
  - 三密不具機
    - 無相勝慧機
      - 発心即到機
      - 無相有相機
    - 有相劣慧機
      - 一密二密成仏機

第四節　成仏への楷梯

——断惑と証理——

一

われらはすでに成仏への方法として三密修行の必要なることを述べた。いまやわれらは更に進んで、成仏への楷梯の問題について説明しなければならない。おもうにしばしば述べた如く、当為《あるべきもの》の立場からいえば、われらは本来悟れる仏なのである。しかし存在《あるもの》としてのわれらは、依然迷える凡夫である。存在としてのわれらの生活は、そのままこれを仏としての生活とみることはできない。ゆえにここに仏としての自己を見出すべく修行の必要が生じて来るのである。しかもその修行の根本問題は、結局、煩悩（kleśa）をとり除くことにある。無明を断滅することにある。なんとなれば、元来われらがあるべき（Sollen）自己を見出し得ずして、あるべからざる（Nicht sein）凡夫としての生活を営んでいることは、要するに無明煩悩があるからである。この無明煩悩あるがために、われらは実の如く自己を知ることができないのである。すなわち仏陀としての自己を見出し得ないのである。従って仏としての自己をはっきり認識するには、是非とも実の如く自己を知らねばならぬ。しかも如実知自心には、まず須く煩悩をとり去らねばならぬことは当然の事である。いままさしく述べんとする成仏への楷梯の問題は、つまりわれらの実践修行によって、いかなる煩悩を、いかにして除去するかを論ずるもので、それは実に断惑と証理との問題を取扱うものである。

さて密教ではこの断惑と証理の問題をば、いわゆる三劫、六無畏、十地《じゅうじ》を以て説明しているのである。すなわち一応区別していえば三劫と六無畏とは、専ら遮情門すなわち否定的立場より消極的に断惑の問題を説き、それに対して十地は表徳門すなわち肯定的立場より、積極的に証理の問題を取扱っているということができる。以下、こうした否定と肯定の二つの立場より、まさしく成仏への楷梯の問題を説明していきたいとおもう。

二

まず、三劫の思想から説明していきたい。

さて、三劫（tri-kalpa）の思想とは、いわゆる所越《しょおつ》の妄執《もうじゅう》、すなわち対治さるべき煩悩に約して断惑の問題を説けるもので、それはつまりいかにして三妄執を超越すべきかを論ずるものである。ところで普通に顕教一般では劫（kalpa）を時分の意味に訳するのであって、三劫といえば三阿僧祇劫（tri-kalpa-sakṃhyeya）のことで、とにかく容易に量り知ることのできない無限に近い時間を意味する語である。(1) しかるに密教では、殊更に劫をば妄執の意味に解し、その妄執の厚薄によってこれを麁《そ》（sthūla）細《さい》（sūkṣma）極細《ごくさい》（prasūkṣma）の三妄執とするのである。従って初劫とは麁妄執、第二劫は細妄執、第三劫は極細妄執であるわけである。すなわちこれについて『大日経疏』第二（大正蔵三九、六〇〇）には次の如くいう。

「梵に劫跛（kalpa）といふに二義あり、一には時分、二には妄執もし常途の解釈《げしやく》によらば三阿僧祇劫を度して正覚を成ずることを得、もし秘密の釈ならば一劫を超ゆる瑜祇の行といふはすなはちこれ百六十心(2)等の一重の麁《そ》妄執を度するを一阿僧祇劫と名づく、二劫を超ゆる瑜祇の行といふはまた百六十心等の一重の細妄執を度するを二阿僧祇劫と名づく、真言門の行者また一劫を越ゆといふは、更に百六十心等の一重の極細妄執を度して仏慧の初心に至ることを得、故に三阿僧祇劫成仏といふ。」

いうまでもなくこれは『大日経』住心品（大正蔵一八、三）の「世間の三妄執を越えて出世間心生ず」の一句を、疏家が秘密眼を以て解釈したるもので、顕教の三劫成仏の思想をそのまま継承しながら、特に三劫を三妄執として取扱いたることは、そこに明らかに顕密対弁の意志が表現されているのであって、けだしこれこそ疏家の独自の卓見といわねばならない。

おもうに顕教(3)殊に三乗教において成仏への修行を論ずる場合、多くは三劫成仏説を立つるのである。三劫成仏とは、いうまでもなく三祇成仏または三大阿僧祇劫成仏と称せられるもので、殆ど無限に近い修行をせざれば成仏は不可能なりと主張するものである。従ってそれはもちろん一生成仏または即身成仏とは、全然反対の立場にある成仏論であることはいうまでもない。翻って密教の成仏論をみるに、前述の如くたとえ修生門において三密の修行を説いてはいるものの、本有門からいえば修行の有無に拘らず、われら衆生は本来仏なのである。仏でありながら、仏たることを如実に知らざるが故に、ここに修行の必要が論ぜられるのであるから、その成仏論は当然、即身成仏論であらねばならぬ。従っていま密教が断惑の過程として三劫を説くことは、つまり修生門の上から暫く顕教に寄せて、対治せらるべき煩悩の厚薄によって、麁、細、極細の三種に分類して三劫といったものである。さていうところの初劫麁妄執[4]とは、いわゆる人執品《にんじゅうぼん》の惑である。人執品の惑とは、つまり人無我の理、すなわち人空の理を知らざる無明である。元来われらが称して自我とよぶのは、五蘊のかりに和合して成れるもので、そこには何ら恒久性もなく実在性もない。故に顕教の所寄《しょき》斉《さい》に約していえば、小乗の人たる声聞（第四住心）縁覚（第五住心）の二乗の人は、この惑を断じて、人空の理を悟るのである。

次に第二劫細妄執[5]とは、いわゆる法執品の惑である。法執品の惑とは、法無我の理を知らざる惑である。元来一切諸法は因縁所生であるから、それは仮有《けう》にして無自性である。故に人も無我であると同時に、法もまた無我である。すなわち主観の世界も、客観の世界も共に、無常であり、無自性であり、無我である。故に顕教の所寄斉に約していえば、法相（第六住心）三論（第七住心）の権大乗の人はこの惑を断じて、法空の理を証し、万法唯心、心外無法の理に通達するのである。

次に第三劫極細妄執[6]とは、いわゆる無明品の惑である。無明品の惑とは、能所に執じて未だ平等一実の境界を体得せざる惑である。故に顕教の所寄斉に約していえば、天台（第八住心）華厳（第九住心）の両一乗の人は、一切法に能所ありと執するこの無明品の惑を断じて、真如平等の理を体証し、一切諸法に於て一実中道の真理を知るのである。

けだし以上は三劫の梗概であるが、要するにこの三劫は、表面からみればわれらの迷情を遮遣する断惑の分斉を示したるものの如くであるが、更に一歩進んで考えた場合、それは少くとも小乗、権大乗、華天両一乗と密教との対弁、すなわち顕密二教の比較対照が試みられているものとみるべきであろう。換言せば所度の煩悩を三妄といい、顕教の三劫成仏に寄斉して、真言行人の三妄の断惑を位を明かしたものが、とりも直さず三劫思想である。いずれにしても、修行の時分を表わす三劫をば、殊更に妄執の意味に解し、一念または一生に三劫を超越すると説くことは、まさしく密教の断惑が、いわゆる漸断にあらずして頓断なることを表明するもので、ここに密教の断惑論の特色があるのである。おもうに疏家が、

「もし一生にこの三妄執を度すればすなはち一生に成仏す何ぞ時分を論ぜんや」『大日経疏』第二（大正三九、六〇〇）といえるは、けだしこの間の消息を物語るものであろう。[7]

註

（1）阿僧祇（asaṃkhyā）とは無数、無央数と訳す。すなわち阿(a)は無、僧祇（saṃkhyā)は数である。

次に劫(kalpa)は普通の年月を以て数うることのできぬ無限の時間という意味である。故に阿僧祇劫とは無限遠大なる時間のことである。ちなみに古来この劫を説明するに二種の譬喩が用いられている。すなわち一は芥子劫《けしこう》、二は盤石劫《ばんじゃくこう》である。『智度論』巻五(大正蔵二五、一〇〇)に両者を説いて左の如くいう。

「劫の義は、仏、譬喩して説きたまふ『四千里の石山に長寿の人あり。百歳を過ぐれば細軟の衣を持つて、一たび来つて払拭し、この大石山をして尽さしむるとも、劫は故《さ》らに未だ尽きざるなり。(盤石劫)四千里の大城に、中に芥子を満じ概して平かならしめず。長寿の人あり、百歳を過ぐれば一たび来つて一の芥子を取りて去らんに、芥子は尽くとも、劫は故《さ》らに尽きず(芥子劫)。」

(2)『大日経疏』第二(大正蔵三九、六〇〇)にいう。

「この五根本煩悩を、初に再数すれば、十となり、第二に再数すれば、二十となり、第三に再数すれば、四十となり、第四に再数すれば、八十となり、第五に再数すれば、一百六十心となる。」

(3) 古来、密教より顕教という場合は、おおむね小乗(第四、第五住心)、三乗(第六〔法相〕第七〔三論〕住心)一乗(第八〔天台〕第九〔華厳〕住心)であることはいうまでもない。ところで華天の両一乗が経劫成仏なるか否やについて、古来、真言学者の間には頗る異説がある。一々それを紹介する余裕がないから左に古来の主なる代表的学者の説を図示しておく。

┌信証『千栗多鈔』第六。
└道範─『遍明鈔』第六、第九。

一、経劫論者
- 頼瑜（初期）─『即身義愚草』『指心鈔』第七。『大疏愚草』第十二。
- 杲宝─『大疏口筆』第九、第十四。
- 聖憲─『第三重』第六。
- 宥快─『大疏快鈔』第十四、第三十。『宗決』第十八。

二、不経劫論者
- 覚顕─『指心鈔』第四、第七。
- 頼瑜（後期）─『初心鈔』第二。『二教論愚草』。『指心鈔』第四。
- 運敞─『第三重』第六。『啓蒙惑問』。劫心章下。

三、調和説──法住─『玉振鈔』第三。第五。

（『真言宗綱要』林田光祥著　一三〇頁参照）。

(4)「初劫とは人執品の惑なり。心外の諸法に於て、実有を執し、万法の体を存す。空性に相違する妄心なり。この心によつて五蘊和合の人体を実有と執す。自他の差別を存す。顕教の声聞・縁覚の二乗の人はこの惑を断ず（所寄斉に約す）。真言行人は麁妄執を度す。瑜伽の境界に於て無性相を知る。寂然界を証するの位はこれと等しきなり（能寄斉に約す）」（『真言名目』九丁）。

(5)「第二劫とは、法執品の惑なり。五蘊等の法に於て、実性ありと執す。生死・涅槃の二法は実有なりと。いはくこれを法執と名づく。顕教の中の三乗教の菩薩はこの惑を断じ、諸法の唯心を了して一切に於て幻化・影像の観を作す（所寄斉に約す）。真言行人は細妄執を度す。一切の瑜伽境界は皆これ唯心の影像たり。心外に一法なく自らの心性を覚し、また前後際不可得の観位はこれと等しきなり（能寄斉に約す）」（『真言名目』九丁）。

（6）「第三劫とは、無明品の惑なり。一切法に於て、能所ありと執す。平等の法界と相違する心なり。この心によつて一心と諸法とは能所ありと執す。三乗の菩薩は諸法唯心の義を知るといへどもなほ、心の影像を離るることあたはず。顕教の一乗は、この惑を断じ真如平等の理を証し、一切法に於て、皆、一実の境を知る（所寄斉に約す）。真言行人はこの惑を度して、諸法皆入阿字門を覚し、一切法の平等無為を証す位、これと等しきなり（能寄斉に約す）」（『真言名目』十丁）。

（7）三劫の問題について最後に一言すべきことは三劫地前の問題である。普通に顕教では一般に地前初劫、地上二劫の法相、すなわち地前に初劫を経過し、地上に第二、第三劫を経るとするが、密教は前述の如く、三劫を麁、細、極の三妄とするから、地前に三劫を経るとたつるのである。故に『大日経疏』第二（大正蔵三九、六〇〇）にいう。

「もし浄菩提心を以て、出世間の心とせば、すなはちこれ三劫を超越する瑜祇の行なり。」

なおこの問題については「三劫地前」の論議あり。詳しくは『第三重』第七、『宗義決択集』第十をみよ。

三

次にわれらは進んで六無畏の思想について考察せねばならぬ。おもうに前述の如く、由来三劫は所越の妄執について断惑の分斉を説いたものであるが、この六無畏はいうまでもなく能越の浄心に約して断惑の行位を説明したるものである。換言すれば、前者は対治さるべき煩悩についていい、後者は対治すべき菩提心についていったものである。さて、いう所の六無畏とは、一、善無畏、二、身無畏、三、無我無畏、四、法無畏、五、法無我無畏、六、一切法平等無畏である。(1)

ところでいま六無畏の内容を説明する前に、まず明らかにしておかねばならぬことは無畏（nir-bhaya）という意味である。元来この無畏ということは恐怖なき心的状態である。従ってそれはいわゆる安穏安住の境地で、つまり宗教的安心の世界に名づけたものである。されば密教では特に無畏を蘇息（āśvāsa）または蘇息処（nirbhaya-sthāna）の義と解釈しているのである。(2) すなわち煩悩の為一時束縛されて、精神的に殆ど死に瀕せるものが、まさしく本具の菩提心に目醒めることによって、次第に煩悩の束縛を脱して、真実なる自己の生命に蘇ることを意味するのである。おもうに由来宗教の本質は所詮ひとたび自己に死して再び自己に蘇ることである。小さき自己の否定によりて、大きい自己を発見することである。換言せば自己を高次的に止揚（Aufheben）することによりて真の自己に更生することである。この意味に於て六無畏とは、自己が真実なる自己を発見する過程をば、かりに六種に分類したもので、無畏を蘇息の義なりと解するわが密教の見方は、きわめて興味あるしかも妥当なる見方といわねばならない。いまこうした立場から六無畏をみるに、

第一、善無畏（sannirbhaya）とは、一般的にいえばわれらが道徳的思想たる善に目醒めたる境地に名づけたものである。すなわち従来ただ淫食のみを思念して、何ら精神生活の理想を求めなかったものが、ひとたび何かの機縁に触れるや、忽ちにして人生の理想が那辺にあるかを自覚し、ひたすら人間道の完成に向って精進する境地が、この善無畏である。従ってそれはいわゆる五戒、十善等の道徳的善によって身心に蘇息を得る境界であるが、『大日経』住心品には更に八心[3]によって、道徳生活の内容を説明している。なお真言行人の行位に約していえば、まさしく三密の修行に目醒めたる位を指していうのである。

第二、身無畏（kāya-nirbhaya）とは、道徳的生活より更に宗教的生活へ向上せる境地である。すなわち仏道修行の最初の人たる声聞の人は、まず不浄観等[4]によって、肉体に対する執着の念を離れんとするのである。しかもその身無畏はまさしく身の繋縛より離れて蘇息を得る境地であるから、所寄斉《しょきざい》に約せば不浄観等を成就した声聞乗に当り、能寄斉《のうきざい》たる真言行人に約していえば、三密の修行の力によってまさしく有相の悉地を得て本尊の相好を観得する位である。

第三、無我無畏（nairātmya-nirbhaya）とは、ひとたび身体の不浄を観じて自我への執着を離れたるものは、やがて当然無我の理を証せねばならぬ。すなわち声聞の人は、無我の理に徹するが故に、一切法においてもまた無我の相を観じて、我及び我所の束縛を脱するのである。而していまこれを能寄斉たる真言行人に約せば、有相の悉地の体験によって、自己の前に影現した本尊に対してあえて愛着の心を生ぜざる位である。

第四、法無畏（dharma-nirbhaya）とは、人空の世界より一転して、まさしく法空を観ずる境地である。けだし空観は人空より法空にまで止揚されねばならぬ故に、縁覚の人は、五蘊所成の客観の世界もまた無自性にして空なりと観ずるのである。いまこれを真言行人に約していえば、所現の本尊をばあたかも水中の月、鏡中の像の如く、無性にして無相なりと観ずる位である。

第五、法無我無畏（dharma-nairātmya-nirbhaya）とは、いわゆる万法は唯一心にして、心外に別法無しと観ずる境地である。すなわちこれはまさしく空観に徹したる世界に現われるもので、かくてわれらは一切法に於て初めて心の自在を得るのである。かの唯識、三論の権大乗は、むろんその説明方法に於ては多少異なっているとしても、大体に於てこの境地を説くのである。而してそれを真言行人に約していえば、所現の本尊はいうまでもなく一切の諸仏諸尊は、悉く自心の功徳相なりと観ずる位である。

第六、平等無畏（samatā-nirbhaya）とは一切法平等無畏または一切法自性平等無畏ともいう。いわゆる心本色末の差別観より、更に一歩進みて色心平等、能所不二と観じて、まさしく平等法界を体験する境地である。所寄斉に約せば、華厳、天台の両一乗がこれに当り、能寄斉に約せば、真言行人諸法本不生の観に住して、心の実相を知り、諸法平等の本源に徹したる位である。

以上はこれ六無畏の梗概である。これを要するに六無畏とは、菩提心顕現の過程をば六種に分ったもので、つまりわれら本具の浄菩提心が、六処において更生して行くその心理的過程を説明したものが、とりも直さずこの六無畏である。換言せば、煩悩の為に束縛されて自由を失い、殆ど死に瀕せるが如きわれらが、ひとたび内外の因縁に触れて、飜然人間として真に歩むべき道を自覚し、まず道徳的生活より次第に転昇して宗教生活に進み、かくて真実なる自己の面目を体験する過程を示したるものがこの六無畏である。従って前述の三劫とこの六無畏との関係は、所詮、表裏の関係であり、開合の不同である。すなわち所度の妄執に約していえば三劫であり、能越の浄心に約すれば六無畏であって、いずれもそれは前述の如く、暫く断惑の上より説明したるものであることはいうまでもない。いま試みに三劫、六無畏、十住心の関係を示せば左の如し。

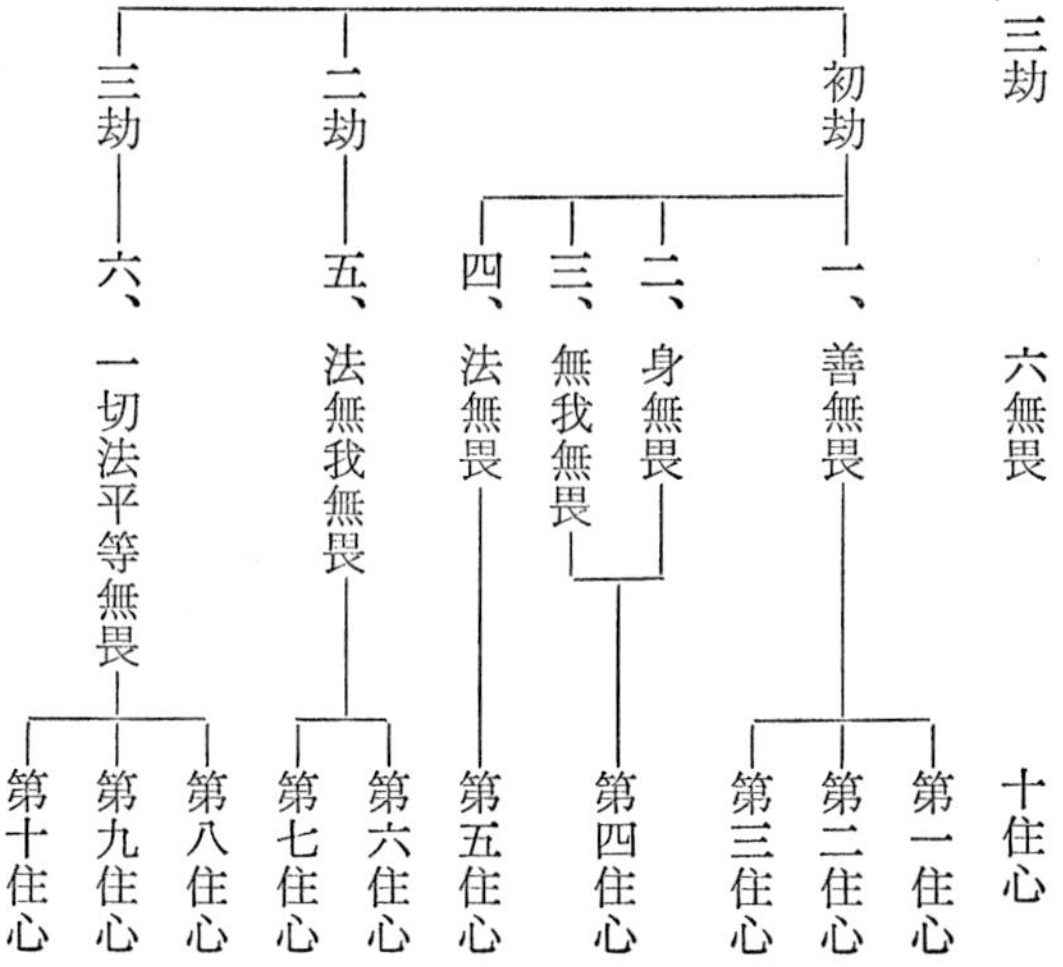

註

（1）「彼の愚童凡夫は、諸の善業を修し、不善業を害するとき、まさに善無畏を得べし。もし実の如く我《が》を知るときは、まさに身の無畏を得べし。もし取蘊《しゅうん》所集《しょしゅう》の我身《がしん》に於て、自の色像を捨て観ずれば、まさに無我無畏を得べし。もし蘊を害して、法の攀縁《へんねん》に住すれば、まさに法無畏を得べし。もし法を害して無縁に住すれば、まさに法無我無畏を得べし。もしまた、一切の蘊と、界と、処と、能執と、所執と、我《が》と、寿命等と、及び法と、無縁とは、空にして自性無性なり。この空智生ずれば、まさに一切法自性平等無畏を得べし」『大日経』住心品（大正蔵一八、三）。

ちなみに『大日経疏』第三（大正蔵三九、六〇五）にこれを釈す。

(2)「梵音の阿湿縛娑（āśvāsa）、正訳にはまさに蘇息といふべし。人の強力者の為に、喉を持扼《とりくび》られて、気を閉ぢ、まさに悶絶せんとするに垂《およ》んで、忽ちに放捨を蒙つて、還つてまた蘇ることを得るが如く、衆生もまたかくの如し。妄想業煩悩の為に纒はれて、縁に触れて皆閉ぢるも、この六処に至れば、再生することを得るが如し。故に蘇息処と名づく。また険悪道を度する時に、その心は泰然として畏懼する所なきが如し。故に無畏処と名づく」『疏』第三（大正蔵三九、六〇五）。

「無畏とは、蘇息処の義なり。一切衆生は煩悩に縛せられて死滅に似たり。もしこの六処に到れば各々彼の厄縛を離れて蘇息処を得。この故に、六無畏と名づくるなり」（『真言名目』十三丁右）。

(3)『大日経』住心品（大正蔵一八、二）及び『疏』第二（大正蔵三九、五九四）に心続生の相を示す。（八心段所説）すなわち八心とは、一、種子心（「一向に悪を行じ、微少の善をも修せざる」の凡夫が節食持斎の心を生ずるの境地）二、牙種心（布施の功徳を知りて、父母等の六親眷属に財物を施与する境地）三、疱種心（自己に親しきものより更に進んで非親識の他人にまで財物を施与して布施の功徳を積む境地）**四**、葉種心（親疎の別なく財物を施与する一方更に尊貴高徳の人に進んで親近し供養する境地）**五**、敷華心（布施の上において何ら慳惜の心なく、歓喜の心を以て益々衆人のために行動し、一方また世間の師表たる人格者に親近し供養する境地）**六**、成果心（種、牙、疱、葉、華の善心漸く成熟すれば、ここにその果実を結ぶに至り、遂に自己は却って社会の人のために親愛され供養されるに至る境地）**七**、受用種子心（第六心の果が再び種子となる境地で、果実を受用して生ずる心である。すなわち斉施の利益をみて、善悪因果の理を知り、十善戒を保ちて生天を欲求する境界）**八**、嬰童心（さながら児の慈母を慕うが如くひたすら悪趣に堕せんことを畏れて生天の因行を修する境地）である。而してこの八心は道徳生活の内容を示したるものではあるが、再応これをみる時、それは真言行者の心品転昇の過程を、暫く世間の道徳に寄斉して説いたものというべきである。

（4） いう所の五停心観とは、**一**、不浄観（身の不浄を観じて貪欲を停止する）**二**、慈悲観（一切の万物に対して慈悲の念を作して瞋恚を停止する）**三**、因縁観（一切は因縁生と観じて愚痴を停む）**四**、界差別観（己身は蘊〔五蘊〕処〔十二処〕界〔十八界〕の和合してなれるものと観じて我見を停む）**五**、数息観（出入の息を数えて心の散乱を停止する観）であって、要するに声聞乗の人が修する観法である。

四

おもうに前述の三劫と六無畏とは、いずれも遮情門の立場から断惑の問題を説明したものである。いまここにわれらのまさしく述べんとする十地（daśa-bhūmi）の思想は、表徳門の立場から証理の問題を示さんとするものである。さていうところの十地とは、**一**、歓喜地、**二**、離垢地、**三**、発光地、**四**、焰慧地《えんねじ》、**五**、難勝地、**六**、現前地、**七**、遠行地、**八**、不動地、**九**、善慧地《ぜんねじ》、**十**、法雲地である。まず、

第一歓喜地（pramuditā-bhūmi）とは、初めて仏智を徹見して歓喜を生ずる位である。すなわちこれは檀波羅蜜を成就して、迷理の惑たる見惑を断じて、人法二空の原理を証得する境地である。

第二、離垢地（vimalā-bhūmi）とは、煩悩の塵垢を離れたる位である。すなわち戒波羅蜜を成就して迷事の惑なる修惑を断じて、煩悩の垢染を遠離したる境地である。

第三、発光地（prabhākarī-bhūmi）とは、光明地ともいい、本覚の智慧の光明が開発せる位である。すなわち忍辱波羅蜜を成就して、真理の智光の顕現せる境地である。

第四、焰慧地《えんねじ》（arciṣmatī-bhūmi）とは、焰地ともいい、智慧の光明益々盛んになりて一切の情

見を焼き尽せし位である。すなわち精進波羅蜜を成就し、慧性熾焔なる境地をいうのである。

　第五、難勝地（sudurjayā-bhūmi）とは、真俗二智の一致せる位である。しかもこの二智の相応し一致することは、きわめて難きが故に難勝地または極難勝地ともいうのである。すなわちこれはただ禅定波羅蜜の成就によって得られる境地である。

　第六、現前地（abhimukhi-bhūmi）とは、また現在地ともいう。慧波羅蜜を成就して最勝智を得る位である。すなわち染浄無差別の真智の現前する境地をいうのである。

　第七、遠行地（dūraṅgama-bhūmi）とは、これをまた深遠地ともいう。方便波羅蜜を成就せる位で、遠く二乗の境地を離れて大悲方便の心を発して化他の大行に出ずる境地である。

　第八、不動地（acalā-bhūmi）とは、願波羅蜜を成就する位である。すなわち化他の大行が何らの作意もなく、寂然不動の体験から任運自然に流露する境地である。

　第九、善慧地《ぜんねじ》（sādhumatī-bhūmi）とは、これをまた善相地ともいう。力波羅蜜を成就する位である。真如の善慧を体験するが故に、一切処において普く無礙自在の妙弁を以て衆生に説法する境地である。

　第十、法雲地（dharma-meghā-bhūmi）とは、智波羅蜜の成就する位で、まさしく十波羅蜜の完成されたところに現われる境地である。すなわち無辺の功徳を具足し、普く法界に遍満すること雲の如くなる故に、これを法雲地といったのである。

以上はこれ十地の梗概である。

しかるにいまこの十地の内容をみるにそれは通常顕教に説く所の十地と[1]、その間何ら相違する点はない。すなわち顕教の十地とは、菩薩修行の楷梯たる信、住、行、向、地の五位の中の第五位に相当するものであるが、この十地位はいわゆる仏の智慧を生成し住持して動せず（自行）、一切衆生を荷負して化益すること（化他）、あたかも大地の能く万物を生成し、住持し荷負するが如くなるが故に地といったのである。従ってこの十地位は自利と利他の殆ど完成された境地で、第十一地たる仏果とはその差僅かに一歩である。ところで密教はこれをいかにみるかというに、もちろん十地の一々の内容の説明については顕教と何ら変りはないが[2]、全体として十地を解釈する場合その見方を異にする。すなわち顕教はあくまで因位の菩薩の修行位として、いわゆる遷登の十地とみるに対し、密教は一面に於ては地々向上の十地としてみるが、また他面においては十地を以て無高下無浅深とみる。別言せば密教は初地即極[3]と立つるが故に、二地以上は悉く初地の功徳を開きたるものとしてみる。故に密教の十地に対する見方には結局二種あるわけである。

一、本有無垢の十地
二、修生顕得の十地

すなわち前者は、衆生本来具有せる浄菩提心の功徳を十種に開きたるもので、そこには何ら高下浅深の区別はない。従ってこの場合に於ける十とは、いわゆる『十表無尽』の意味で、無尽の功徳をば、かりに十の数字によって表現したものであるから、古来これを無対（絶対）の十地[4]といっている。

次に後者は、三密の妙行によって自心本具の菩提心の十地の功徳を開顕し修顕していく意味で、これを解するにまた二種の見方がある。

一、有惑の十地。二、無惑の十地。

すなわち前者は、麁、細、極の三妄の外に、更に微細妄執[5]をたて、地前においてすでに三妄を断ずるも、仏地の一障たる根本無明、すなわちこの微細妄執をばこの十地の間に分証していくというのである。

次に後者は、地前において三妄執を断捨したる故に、もはやこの十地には所断の妄執はない。而して初地は本初の義、地は心地の義であるから、二地以上は悉く自証の作用たる化他の行を示したるものだというのである。

以上、私は顕密二教の十地に対する見方の相違を略説したが、要するにわが密教では古来、証理の楷梯として十地を説く場合、一般に顕教の説明形式をかりて説いているが、しかし密教の根本的な立場は、前述の如く初地即極説（本有無垢）と初地分証説（修生顕得）の二つの見方はあるが、(6)つまりは十地を以てそのまま十六大菩薩生《しょう》の位としてみていくのである。(7)いうまでもなく十六大菩薩生(8)とは、普門大日如来の果徳を開いて四仏とし、更に四仏を開いて十六大菩薩としたるもので、つまり十六大菩薩はそのまま普門大日である。而していまの十地とこの十六大菩薩との関係については、古来、種々なる異説はあるが、要するに両者は畢竟開合の不同としてみるのである。(9)すなわち表面からみれば両者はいかにも無関係のようであるが事実、(10)生と地はいわゆる開合の不同で、合すれば十地、開けば十六大菩薩生である。しかもこの十六大菩薩生と不二なる十地をみることによって初めて密教所説の十地の意味がわかるのである。

註

（1）顕教の十地説は多く『華厳経』十地品（旧訳二三、新訳三四）に出ず。『大乗義章』巻一四（大正蔵四四、七四九）には広く諸経論を引いて十地の思想を解釈している。

（2）頼宝の『真言名目』九丁にいう。

「上来の十地は自宗の経説等に委しくこれを説かず。大日経は但だ第八第十二地を説き、金剛頂経は初地第十地の二地を説く。しかるに仁王・華厳等の説によらば、其の名字、これを解く。」

(3) 初地即極の説は密教独得の説であるが、これについて一個の論議がある。すなわち『大日経疏』に大日経の三句の中の因の句を釈して「すなはちこれ初発心の時に、すなはち正覚を成ず」といっているが、この正覚を仏果とするや否やについて『第三重』第五には一個の論議を出している。すなわち難者は因の句を釈せるものなれば、正覚といっても一分の正覚で、仏果の満覚にあらずという。答者は、『秘蔵記』のいわゆる「これ密教のいはゆる横義。初地と十地とは高下なし」の説を引いて、この正覚をば仏果の満覚と成立している。故に密教本来の立場は初地即極である。(『宗義決択集』第七参照)

(4) 「経に『秘密主よ、信解行地に、三心と無量波羅蜜多の慧観と四摂法とを観察す、信解地は無対なり無量なり不思議なり、十心を建立し、無辺の智生ず』といふは、この経宗は浄菩提心より以上の十住地は、みなこれ信解の中の行なり。ただし如来をのみ、究竟一切智地と名づく」『疏』第二(大正蔵三九、六〇四)。ちなみに信解行地とは顕教によれば、信とは十信位、解行は三賢位、地とは十地位であるが、密教はこれを十地の通名とするのである。

(5) 『世間の三妄執を越えて出世間心生ず』とは、三妄執は貪・瞋・癡なり。開けば百六十心、乃至八万の塵労《じんろう》なり。三妄執を越え、三僧祇《そうぎ》劫を越へればこれすなはち十地究竟《くきょう》するなり。これを過ぎて上上方便を修し、微《み》細《さい》妄執《もうしゅう》を断じて仏果に至る」『秘蔵記』(『大師全集』二、三三頁)。

(6) 初地分証説は、地々遷登の十地で、初地と十地との間に高下浅深を認めるもので、東因発心説により、初地即極説は、初地与十地無高下で、それは当然中因発心説によるものである。

(7) 「華厳の十地経の一一の名言は、阿闍梨の所伝によらば、みな須く二種の釈をなすべし。一には浅略釈、二には深秘釈なり。もしかくの如くの密号に達せずして、但し文によつてこれを説かば、すなはち因縁の事相は、十住品に往き渉る。もし金剛頂の十六大菩薩生を解せば、自らまさに証知すべし」『大日経疏』第二（大正蔵三九、六〇五）。

(8) 大日
- 一、阿閦仏（発心門）―薩、王、愛、喜
- 二、宝生仏（修行門）―宝、光、幢、咲
- 三、阿弥陀仏（菩提門）―法、利、因、語
- 四、釈迦仏（涅槃門）―業、護、牙、拳

―十六大菩薩

すなわち顕教の十地は華厳経によってその文相を知るべきも、それは畢竟浅略の一辺、深秘の釈たる十地は、まさしく十六大菩薩生と開合の不同であることを知らねばならぬ。

(9) 密教の階位については金剛頂経系では十六生を説き、大日経系では十地を説くのである。
これについて『大疏第三重』第十（愚草第二、七、下）に「大地十六生」の論議がある。すなわち難者は十地と十六生とは、すでに数の上に於て不同なるのみならず、不空の『心要』にも「薩埵の正位を証すと雖ども、見惑、未だ除かず」とある。而して元来見惑は初地所断であるから、十六大菩薩は地前

とせねばならぬ。とて生地は別なりと難ずるのである。これに対して答者は『心要』の文は本有に約せるもので十地と十六生とは所詮開合の不同なりと立つるのである。詳しくは『第三重』第十、及び『宗義決択集』第十一をみよ。

(10) 生地の配当について興教大師と頼宝師との間に異説あり。いま暫く興教大師の説を挙げる。頼宝の説は『真言名目』をみよ。

十地	十六大菩薩生
初地	薩、王、愛、喜
二地	宝
三地	光
四地	幢
五地	咲
六地	法、利
七地	因、語
八地	業、護
九地	牙
十地	拳

なお以上述べ来りたる所の三劫、六無畏、十住心、十地を三句に配当せば左の如し。

地前地上合論の三句

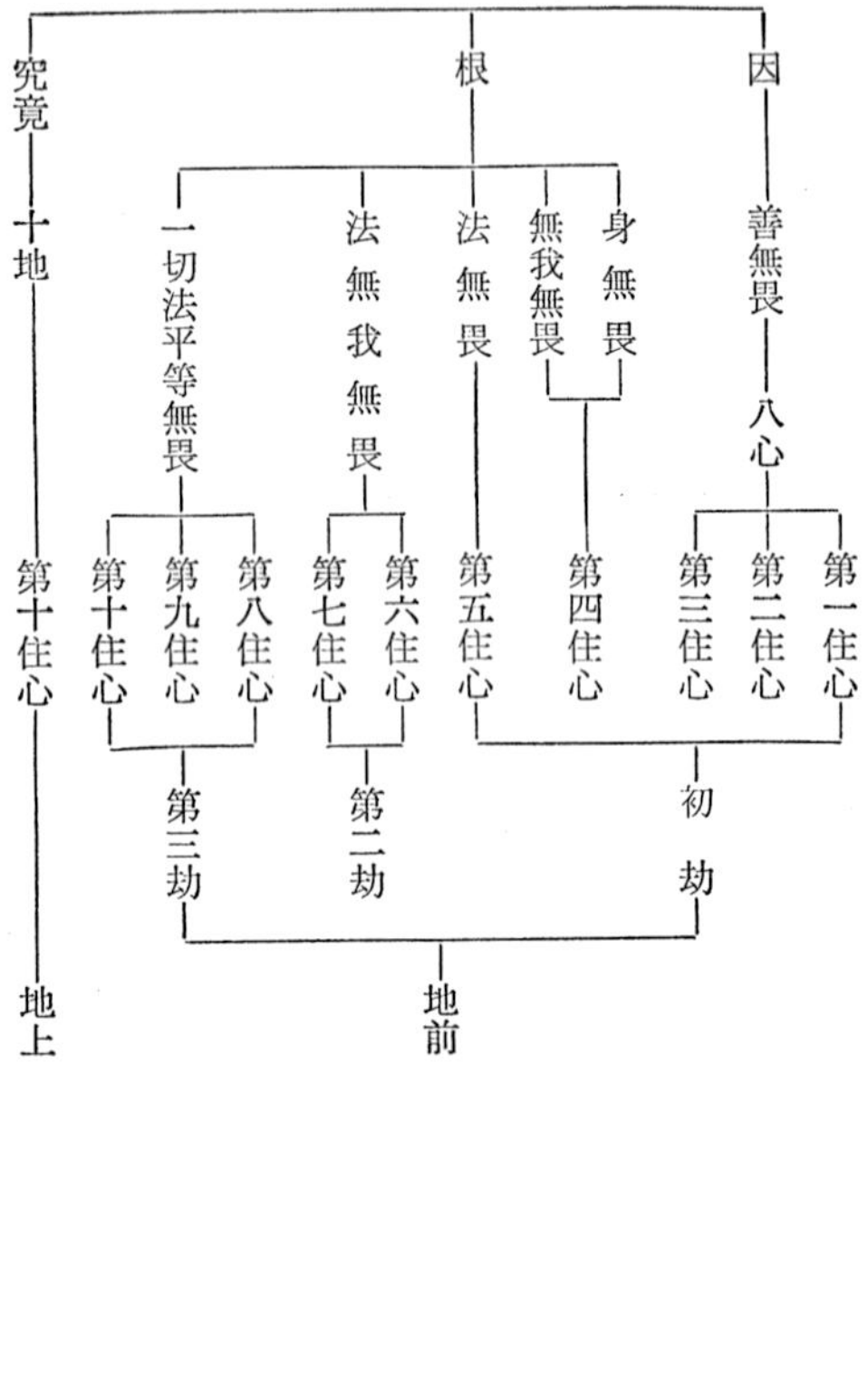
因
根
究竟
善無畏
身無畏
無我無畏
法無畏
法無我無畏
一切法平等無畏
十地
八心
第一住心
第二住心
第三住心
第四住心
第五住心
第六住心
第七住心
第八住心
第九住心
第十住心
第十住心
初劫
第二劫
第三劫
地前
地上

第五節　即身成仏

一

およそ大乗仏教の根本思想は、仏になるということである。成仏の問題こそまさしくわが仏教の最後の目的である。ところで等しく仏になることを理想とする仏教にも大体二つの潮流がある。すなわち一は現世に於て仏になることを理想とするものであり、一は死後の未来に於て仏になることを目的とするものである。(1) 前者はいわゆる此土入聖の思想であり、後者はいうところの捨此往彼の思想である。而して前者をかりに成仏教と名づくるならば、後者は往生教と称することができるのである。けだしいまここに述べんとする密教の成仏論は、まさしく此土入聖の成仏説であることは申すまでもない。果してしからば、いったい密教は成仏の世界をいかに説明するか。われらは本論の帰結として、当然最後にこの問題を究明せねばならない。

おもうに密教の成仏論の中心は、所詮即身成仏である。この身このままで成仏するというこの即身成仏の一句が、最も端的に密教の宗教的理想を表現するもので、実をいえばこれまで述べ来ったあらゆる問題は、結局この即身成仏の一句の説明に過ぎない。換言すれば、従来取扱って来た諸種の問題は、つまりいかにして即身成仏は可能であるか、の問題を出来るだけ合理的に且つ組織的に説明せんとしたものである。この意味において、いまここに即身成仏の問題を取扱うに当っても、やはり、われらは密教の哲学的背景なる教理論への関心なくては十分に理解することはできないのである。すなわち、われらは密教の教理に対する十分なる理解によってのみ、初めて即身成仏の問題を探究し得るのである。以下われらは教理論の根本内容となっている六大、四曼、三密の思想を改めて顧慮し憶念することによって、おもむろに即身成仏への考察の道を辿っていきたいとおもう。

二

さて、わが密教の核心たる即身成仏の旗幟をば、最も鮮明に且つ最も大胆に主張せられたものは、いうまでもなくわが弘法大師であって、大師の主著たる『即身成仏義』一巻こそ、実に即身成仏論の根本聖典である。すなわち大師はいわゆる二経一論八個の証文を挙げて、堂々と天下に即身成仏の可能なることを絶叫されたのである。換言せば身を以て親しく大師は父母所生身、速証大覚位の原理を証拠立てられたのであった。しかも既に述べたるかの有名なる二頌八句の即身成仏頌こそ、まさしくその哲学的根拠となっているのである。(4) 故にわれらはまずこの即身成仏偈を基調として、その思想内容を味わっていきたいとおもう。

六大無碍にして常に瑜伽なり。(体)　四種曼荼各離れず。(相)

三密加持すれば速疾に顕はる。(用)　重々帝網なるを即身と名づく。(無碍)

法然に薩般若を具足して心数心王刹塵に過ぎたり、

各《おのおの》五智無際智を具す、円鏡力の故に実覚智なり。(成仏)

いま大師によるに、(5) 元来この二頌八句は、即身成仏の四字を歎称したものであるが、それはまた一面に於て即身成仏の基礎づけでもあったのである。すなわち前の一頌は即身の意味を述べ、後の一頌は成仏の可能を論証したものである。換言すれば、前の四句は六大、四曼、三密の三大の円融を論じて無礙の意味を説き、後の四句はまさしく成仏の所由を述べたものである。おもうにわが『即身成仏義』一巻こそ、実にこの二頌八句の文を基調として、即身成仏の原理をば横説し竪説されたもので、所詮は生仏一如の原理をば、三密加持の妙行によって速疾に顕わし、凡身に即して速かに大覚位を証すべきことを力強くも述べられたものである。けだしこの真言密教の規範たる即身成仏の内容をば、最も具体的に説明したるものは、実にかの『異本即身義』(6)（『大師全集』第四輯、一〇）に現われたる三種成仏説であろう。すなわちいう所の三種成仏とは理具、加持、顕得の成仏で、これは最も明らかに即身成仏の意味を表現しているから、以下われらはこの三種の成仏説によって、即身成仏の意味内容を考察していきたいとおもう。

さて第一理具成仏とは、理としてわれらは本来仏なり、ということを示すものである。元来密教の立場は、すでに教理論に於てしばしば述べた如く、悟れる仏も、迷える凡夫も、その体をいえば六大、その相をいえば四曼、その用をいえば三密である。所詮一切の万象悉く六大所成であるかぎり、本来、仏凡は一体である。生仏は一如である。端的にいえばわれらの真実の姿はそのまま六大法身である。われらの肉身は胎蔵の曼荼羅であり、われらの精神は金剛の曼荼羅である、畢竟われら衆生の色心の実相は、金胎両部、理智不二の大日法身である。ところが悲しいかな、われらは未だ如実に色心の実相を知らざるが為に、あるべからざる迷える凡夫としての生活を余儀なくされているのである。故にたとえあるもの（Sein）としてのわれらは、あるべからざる（Nicht sein）迷いの凡夫であるとしても、あるべき（Sollen）ものとしてのわれらは、そのまま悟れる仏陀なのである。知ると識らざるとに拘らず、われらは元来仏陀なのである。かくの如く自己は本来これ仏陀なりというが、とりも直さず理具成仏である。而してこの場合における即身成仏とは「即ち身成れる仏」と読むべきである。

第二加持成仏とは、三密加持による成仏という意味である。いったい加持の加とは仏の加被の力であり、持とは衆生の信心である。[7] 仏の衆生を憐愍する大悲の力と、われら衆生の信受する心とが冥合一致する世界に現われるものが、すなわちこの加持成仏である。おもうに元来理具成仏は、あくまで理としての成仏である。結局それは価値としての問題であり、当為としての問題である。しかしたとえ本来仏であるとしても、現実の自己の生活は、迷える凡夫としての生活である。故にもちろん当為と存在とは一致していない。従って道理としてはともかく、実際問題としてはどうしても当為をして存在たらしめねばならぬ。すなわちあるべきものをば、あるものとして実現せねばならない。けだしわれらの三密の修行によってまさしく実現化された境地が、とりも直さずこの加持成仏の世界である。而してこの場合における即身成仏とは「即《スミヤカ》に身成れる仏」とよむべきである。

第三顕得成仏とは、まさしく成仏の境界を顕得するという意味である。すなわち理具の因と、加持の縁とによって、如実に本具の仏徳が円成された境地が、すなわちこの顕得成仏である。しかもこの世界こそ、因縁和合の上に顕現せる果の境地で、いわゆる父母所生身、速証大覚位の境界である。而してこの場合における即身成仏は「身に即して仏と成る」とよむべきものである。

以上はこれ三種成仏の梗概である。これを要するに、この三種成仏説は、密教独自の説たる即身成仏の内容をば、最も具体的に解剖し説明したるもので、もちろん三者いずれも別々のものではない。端的にいえば理具、加持、顕得の三種成仏説が、互いに相依り、相扶けて、真言密教の即身成仏の内容を構成しているのである。しかるに古来この三種の成仏論において、いずれを主とすべきかについてはかなり多くの異説がある。例えば法性、道範の如きは理具成仏を主とし、頼瑜、聖憲の如きは加持成仏を主とし、信日、杲宝の如きは顕得成仏を主としている。しかし宥快もいえる如く[8]、三種成仏の中いずれか一を主とするということは、密教の本旨としてもとより妥当ではない。なんとなれば前述の如く、三者は等しく即身成仏の欠くべからざる内容で、暫く即身成仏をば本有内証の立場よりみれば理具成仏である。これに対して修生外用の立場からいえば、加持成仏と顕得成仏である。従って理具の哲学的根拠がなければ、結局加持の宗教的修行も何ら効果なく、自然また顕得の究極の理想も実現されない。またかりに理具の理論的基礎（因）があったとしても、これをまさしく実現すべき加持の宗教的実践（縁）がなければ、縁欠不生の理由で到底成仏という結果は現われて来ない。この意味において、三種成仏は次の如く凡夫、菩薩、仏に約して考えられるとおもう。すなわち理具成仏は凡夫の世界、加持成仏は菩薩の世界、顕得成仏はまさしく仏陀の世界を顕わせるものというべきである。いずれにしても以上の三種成仏説は、わが密教の即身成仏論をば、暫く本有と修生、内証と外用との両方面より哲学的に且つ宗教的に、最も具体的に説明したるものというべきであろう。

三

以上、私は密教の実践修行の理想たる即身成仏の何たるかを一応説明した。最後に私はいささか成仏の本質的意味、ならびに成仏と往生との問題について卑見を述べておきたい。けだし密教の即身成仏を一言にしていえば、速かに成仏する（時間）ことであり、そのまま成仏する（空間）ことである。率直にいえば「父母所生身速証大覚位」である。而してこの問題を哲学的理論として取扱った場合はともかく、一歩進めて更にこれを宗教的実践の対象として考えた場合、果して即身成仏論はわれらの宗教的感情を十分に満足せしむるや否やという問題について、少くとも、われらは密教徒として是非とも十分なる反省と考慮とを要するとおもう。

由来今日の大乗仏教徒はいわゆる円融無碍の原理に立脚して、あるべきもの（当為）の問題と、あるもの（存在）の問題とを混同視する嫌いがある。端的にいえば本有と修生とを一緒にする弊がある。例えばわれらは本来仏であるということは、どこまでも本有の問題であり、当為の問題である。一惑も未だ断ぜざる凡夫が、その身そのまま仏だといっても、現実のわれらの生活態度が仏の生活と一致しない時には、やはりそれは依然として凡夫の生活である。すなわち鉱中の金を以て、そのまま金だということはできないにも拘らず、多くは鉱中の金と金とを同一視しているのである。鉱中より金を得るにはまず須く鉱垢をとり去らねばならない。少くともここにいわゆる修生の問題、すなわち実践修行の必要が生ずるのである。かくてわが密教は本有門（性）に於ては我即大日を力説しながらも、他面、修生門（修）においてはあくまで発心、修行の必要を主張するのである。しかもわが真言密教はその発心、修行によって親しく験証されたる成仏の境地を以て、直に「実の如く自心を知る」の世界なりと反覆し力説していることは、まことにわれらにとっては心して味わうべきことである。

ところでここで一応注意を要すべきことは、普通に仏になるといえば、いかにもわれら人間とは別個のものになる様に考えられていることである。すなわち精神的にも肉体的にも、全然人間の生活を懸け離れたもののようにおもわれていることである。しかしそれはあくまで誤解である。なんとなれば由来、仏教では、仏陀（Buddha）を称して覚者といっている。覚者とは知れるもの、悟れるもの、目醒めたるものの義である。(9) 而していまこれを歴史上の仏陀たる釈尊についてみるに、仏伝によれば釈尊は二十九にして出家して三十五にして成道されたのである。成道とはすなわち仏となったということで、人間の子としての悉達多太子（Siddhārtha）は、三十五にして初めて仏としての釈迦牟尼（Sākyamuni）となられたのである。従って菩提樹下成道のそれ以前は、迷える人の子であるが、それ以後は悟れる仏陀である。しかるに一旦仏となられた後の釈尊の御生涯は果してどうであったか。おもうに諸種の大乗経典には成道の世界や、成道後の釈尊の御生涯を、種々に象徴的形式を以て表現してあるから、一寸みるといかにも奇怪で、とうていわれらの常識で判断できない神秘的文字によって記載されているが、所詮それは象徴的表現の形式を用いて、仏陀の体験《さとり》がいかに深かったかということを表示せんとするものに外ならないのである。従ってこの象徴の意味をば十分に理解しないときは、経典の記事もすっかり荒唐無稽な話のようにおもわれるのみならず、われら人間と仏陀とは全然世界の異なったもののように考えられるのである。いま比較的に直截簡明に人間としての釈尊を描き出している阿含部の経典をみるに、ひとたび菩提を証得された成道後の釈尊も、成道以前の釈尊と外面的には殆ど何の相違もなかったのである。肉体的にいえば釈尊もやはり地上の一沙門である。寒熱、飢渇、睡眠あるのみならず、幾多の誹謗や迫害までも受けておられるのである。そしてまた肉体的にいえば老もあり、病もあり、死もあるのである。ただ一つ異なるところはその精神生活である。その体験内容たる内心の智慧の功徳は、法身仏と何ら異なるところもないのである。[10] 換言すれば釈尊の成道以前と成道以後との相違は、ただその内面的生活に於てである。精神的生活に於てである。おもうに初め釈尊は人間苦の解脱の為に出家せられたのである。妻子と王位とをふりきって、一沙門として苦行の生活に入られたのであった。そして釈尊は肉体を以てさながら精神の牢獄の如くに感じ、極端に肉体を苦しめた当時の修行者に習って、六ケ年の長きに亙って苦行の生活を続けられたのであった。けれどもそうした苦行の生活は、いたずらに自己の肉体を苦しめるだけで、そこには何ら解脱の曙光は認められなかった。ここに於てか最後に釈尊の到達したる天地は、自我への鋭き反省であった。家を捨て、人を捨て、肉体までを捨てんとした釈尊は、ついに自己の心に於て復活した。自我への目醒めによって再生した。別言せば釈尊は実の如く自心を知ることによって、初めて仏として菩提樹下に誕生したのではなかったか。げに一心に迷うは衆生であり、一心を悟るは仏である。要は一心の迷悟にある。一心に迷うところに人生の憂い悲しみ苦しみ悩みは生れる。しかもひとたび一心を悟ればそうしたあらゆる苦悩は忽ちにして消滅する。小さき自我に固執するならば三界は苦の牢獄である。しかしひとたび心眼を開いて、実の如く自心を知るの堂奥に参ずるならば、厭うべき生死もなければ捨つべき煩悩もない。断ずべき迷惑は悉く止揚され、摂受されて菩提の欠くべからざる内容となるのである。いずれにしても釈尊は人間であると同時に仏陀であり、仏陀であったと同時に人間であったということを、われらはまざまざと知ることができた。そしてまた、われらは成仏後の釈尊の御生涯を知ることによって、仏教の理想たる成仏が決して人間を離れたものでないということ、すなわち成仏はあくまで人間に即したものであるということを、十分にはっきり理解することができたのである。

四

最後に私は成仏と往生との問題を取扱うことによって、本論を終りたいとおもう。けだし往生とは、文字通り解せば、往き生れることである。しかるに何処に往き生れるかについては、もとより種々なる意味が考えられるが、密教の立場からいえば、つまり迷いの世界より悟りの世界へ往き生れることである。換言せば凡夫の世界より仏陀の世界へ往き生れることが、往生の第一義的意味である。故に畢竟往生と成仏とは同意語である。しかるに往生の世界を現実の生活に認めるか、未来の生活に認めるかによって、そこに自ら二つの流れが生じて来る。一は現世往生であり、一は未来往生である。ところで従来、往生といえば、多くは未来往生の如く考えられている。この世の生活を終り、死後仏の浄土に往き生れることが往生の根本的意味の如くおもわれている。例えばかの兜《と》率往生《そつおうじょう》、極楽往生の如きは、[11] まさしく未来往生の典型的なもので、前者は弥勒信仰によって死後に兜率天に往生せんとするもの、後者は弥陀信仰によって死後に極楽浄土に往生せんとするものである。いずれにしても両者同じく捨此往彼の思想であることはいうまでもない。しかるに前述の如く密教は、此土入聖を説き、即身成仏を力説するものであるから、いわゆる往生はそのまま成仏である。従って即身成仏を称して、またこれを現身往生といっている。しかも厳密にいえば、興教大師の主張されている如く、密教の往生には二種の意味がある。[12] 一は現身往生、一は順次往生である。現身往生とは即身成仏のことで、上根上智のものは、三密の妙行によって、即身に成仏することを意味するのである。次に順次往生とは上根上智にあらざるいわゆる但信行浅のものが、一密、または二密の修行によって順次に往生する意味である。[13] 従ってまた順次往生には、自ら二種の意味が考えられるわけである。すなわち一は現世に於て順次に現身に成仏するという意味と、一はこの世の生活を終りて、死後まさしく未来の浄土に往生するという二種の意味がある。もし前者を「不生にして生（不生而生）」の順次往生というべくば、後者は「生にして不生（生而不生）」の順次往生ということができる。いずれにしても真言密教はこうした二種の立場よりして成仏ならびに往生の問題を説くのであるが、要するにわが密教の根本的立場は、現身往生であり、即身成仏であることはいうまでもない。げに即身成仏こそ、まさしくわが真言密教の初めであり、同時に終りである。

註

（1）浄土教と聖道教とがそれである。浄土教は未来往生に立脚し、聖道教は現世成仏に立脚している。一は捨此往彼である。一は此土入聖である。一は信証を説き、一は行証を説く。すなわち一は教行信証である。一は信解行証である。一は往生の世界を救済といい、一は成仏の世界を解脱という。古来前者を他力教といい、後者を自力教といっているが、密教は三力（自己の功徳力、如来加持力、法界力）及び自他不二力を説くから、単なる自力教でも他力教でもない。

（2）『即身成仏義』一巻は、大師撰述の三部の書【即身義（身密）声字義（語密）吽字義（意密）】の随一である。従ってその註釈書は古来きわめて多い。参考の為その主なるものを挙ぐれば左の如し。

一、即身成仏義章　一巻　興教大師

一、即身義顯得鈔　三巻　頼瑜

一、即身義愚草　四巻（写）　同

一、即身義東聞記　一〇巻　杲宝
一、即身義鈔　一〇巻　宥快
一、冠註即身義　二巻　浄厳
一、即身義撮義鈔　二巻　覚眼
一、即身義私記　五巻（写）曇寂
一、即身義講筵　三巻（写）亮海
一、即身義講翼　三巻（写）元瑜

（3）『即身成仏義』には「問ふていはく、諸経論の中にみな、三劫成仏を説く。今、即身成仏の義を建立するは、いずれの憑拠がある。答ふ。秘密蔵の中に如来、かくの如く説きたまふ。彼の経説にいかん。」とて『金剛頂経』『大日経』『菩提心論』より八個の証文を引用して、即身成仏の裏書としている。

a、金剛頂経

（一）金剛頂経一字頂輪王瑜伽一切時処念誦成仏儀軌一巻（大正蔵一九巻）。
本文「この三昧を修する者は、現に仏菩提を証す。」
（二）金剛頂瑜伽修習毘盧遮那三摩地法一巻（大正蔵一八巻）。
本文「また、いはく、もし衆生あつてこの教へに遇ひ、昼夜四時に精進して修むれば、現世に歓喜地を証得し、後の十六生に正覚を成ず。」

（三）成就妙法蓮華経王瑜伽観智儀軌一巻（大正蔵一九巻）。
本文「また、いはく、もしよくこの勝義によらば、現世に修して無上覚を得成す。」
（四）金剛頂瑜伽修習毘盧遮那三摩地法一巻（大正蔵一九巻）。
本文「また、いはく、まさに知るべし、自身すなわち金剛界となす。自身、金剛とならば堅実にして傾壊することなく、我れ金剛身となす。」

b、大日経

（五）大日経第三悉地出現品（大正蔵一八巻）。
本文「この身を捨てずして神境通を逮得し、大空位に遊歩して身秘密を成ず。」
（六）大日経第七、供養念誦三昧耶法門真言行学処品（大正蔵一八巻）。
本文「また、いはく、この生に於て悉地に入らんと欲せば、その所応に随ってこれを思念せよ。親《まのあ》たり尊の所に於て明法を受け、観察相応して成就をなす。」

c、菩提心論

（七）菩提心論（大正蔵三二巻）。
本文「惟《ただ》し真言法の中にのみ即身成仏するが故に、これ、三摩地の法を説く。諸教の中に於て闕して書さず。」
（八）同論（同前）

本文「また、いはく、もし人、仏慧を求めて菩提心に通達すれば、父母所生の身に速かに大覚の位を証す。」

（4）第三章『教理論』六大体大論の項を参照。

（5）「釈していはく。この二頌八句をもつて即身成仏の四字を歎ず。すなはちこの四字に無辺の義を含ぜり。一切の仏法はこの一句を出でず。故に略して両頌を樹《た》てて無辺の徳を顕《あら》はす。頌の文《もん》を二に分つ。初めの一頌は即身の二字を歎じ、次の一頌は成仏の両字を歎ず。初めの中にまた四あり。初めの一句は体、二には相、三には用《ゆう》、四には無碍なり。後《のち》の頌の中に四あり。初めには法仏の成仏を挙げ、次には無数《むしゅ》を表はし、三には輪円《りんえん》を顕はし、後には所由《しょゆ》を出だす」（『即身成仏義』）。

なお『異本即身義』（『大師全集』第四輯、一六頁）には、二頌八句の文をば、理具、加持、顕得の三種成仏説に配して左の如くいう。

「初めは四句加持の義。次の三句は理具の義。終りの一句は顕得の義なり。」

（6）『異本即身義』には六本の不同あり。『弘法大師全集』（第四輯）を見よ。

（7）『教理論』三密用大論の項参照。

（8）『宗義決択集』第七。なお頼瑜は『即身義愚草』巻二に於て三種成仏ともに即身成仏の欠くべからざる内容なりといっている。

（9）仏身論の項参照。

(10) 龍樹の『智度論』巻三〇（大正蔵二五、二七八）には法身と生身との区別を説いて次の如くいう。
「仏の真身は虚空に満ち、光明遍ねく十方を炤らし、説法の音声もまた、遍十方無量恒河沙等の世界に遍ねくして中に満つる、大衆はみな、共に法を聴き。説法、息まず。一時の頃《けい》、各々所聞に随つて解悟を得。」

「また次に、釈迦牟尼仏は、王宮に身を受け、人法を受くることを現じ、寒熱・飢渇・睡眠あり。諸の誹謗・老病死等を受けたまふも、内心の智慧神徳は、真仏の正覚と異なること有ることなし。衆生の所願を満さんと欲し、悉くみな能く満すも。」

(11) 兜率往生とは、弥勒（Maitreya）仏の信仰によって兜率天（Tuṣita）に往生せんとするのである。すなわち弥勒菩薩は現に兜率天に住し、五十六億七千万年の後に再び此世に下生し、釈迦牟尼仏に次で成仏し、一切の有縁の衆生を済度すべき一生補処の菩薩であるから、未来仏と称せられている。而してこの思想は、主として『弥勒上生経』『弥勒下生経』等に基づくものである。而してわが密教においても、古来別意趣としてこの兜率往生の信仰があったので現に弘法大師にもその信仰があった様である。すなわち御遺告（『大師全集』第二輯、七七四）にいう。
「入定の後、往いて兜率他天に生じ、弥勒慈尊の御前に待つべし。五十六億余の後、必ず慈尊と御共に下生す。吾が先跡を問うべし。また且くいまだ下らざるの間、微雲管より信否を察すべし。」

次に極楽往生には、大別すれば念仏往生と信心往生との二種がある。いずれも阿弥陀仏（Amitābha）

の信仰によって、極楽（Sukhāvai）に往生せんとするものである。而して浄土教の阿弥陀仏は法蔵比丘が成仏せるもの、現に西方極楽浄土にあって説法度生し給うという。その思想は主として『大無量寿経』『観無量寿経』『阿弥陀経』の三部経典に基づく。なお密教にも兜率往生思想と同じく、別意趣として極楽往生の思想がある。すなわちそれはいわゆる秘密念仏で、その代表者ともいうべきは興教大師であろう。但しその極楽往生説は浄土教のそれとは全然異なっている。例えば秘密念仏では阿弥陀仏を四重にみる。すなわち初重は法蔵比丘が成仏せるもの(浅略)。第二重は大日の一門を司るもの(深秘)。第三重は大日即弥陀（秘中秘）。第四重は衆生本具の心即弥陀（秘々中秘）の如きである。その他極楽を自己本来の胸中とみるが如き、或いは四十八願を六道衆生の本具八葉の尊（6×8＝48）とするが如き異なる点は頗る多い。詳しくは『五輪九字秘釈』（『興教大師全集』一頁）『阿弥陀秘釈』（『興教 大師全集』五八頁）等をみよ。

(12)　『五輪九字秘釈』発起問答決疑門（『興教大師全集』四四頁）には二種の機を挙ぐ。一は上根上智（期㆓即身成仏㆒）二は但信行浅（期㆓順次往生㆒）の機である。

(13)　『成仏論』第二節成仏への方法を参照せよ。

索引

あ

い

う

え

お

か

き

さ

し

た

ね

の

は

ひ

ふ

ま

み

む

ろ

解説

宮坂宥勝《みやさかゆうしょう》

わたくしは、かつて『高神覚昇選集』全十巻（歴史図書社刊）を監修・解説したとき、「高神仏教学」なる呼称を用いたことがある。啓蒙を主眼とした先生の数ある名著のうちで、最もポピュラーなものは、『般若心経講義』であろう。当時、わが国が軍国主義を謳歌し、大陸侵攻が激化してきた歴史の暗い谷間の時代に、心経について平明にラジオ講義をして大反響をよんだことは、戦中派のわれわれの記憶に強く残っているところである。

これは一九三四年（昭和九）、一書として第一書房から出版された。先生の三十五歳のときのことであった。現在、角川文庫に収められて、すでに古典の部類に属する。

また、一九三九年（昭和十四）九月に『高僧伝』（講談社刊）を出版した。これも今なお、著述生命を保っているすぐれた労作である、と思われる。

だが、高神仏教学の結晶は、まさしく本書『密教概論』である、と確信する。本書の初版は今から半世紀前の一九三一年（昭和六）十一月のことで、第一書房より出版された。その改訂増補版が出たのは、一九三七年（昭和十二年）六月である。その序に、「願はくは、本書が新しき密教研究者に対して、何らかの貢献するところあらば、著者としては望外の光栄である」とある。

第二次大戦後の一九七〇年（昭和四十五）十二月に、京都藤井文政堂より復刻版が出た。ともあれ、初版以後、戦前戦後を通じて、この概論書に匹敵し得るものはあまり見当らないのではなかろうか。望蜀の思いなきにしもあらずであるが、前掲序の予見どおり、本書が今なお生きた古典として存在している証左といえるのかも知れない。

本書の内容構成は、次のとおりである。

（1） 教判論

顕教と密教とを比較対照し、十住心体系を明らかにする。思うに、あらゆる宗教には顕教的側面（exoteric）と密教的側面（esoteric）との二重構造性が認められる。それは仏教における密教と顕教とにおいて典型的に認められよう。

十住心体系は、人間精神の弁証法的発達を示すものであると同時に、思想の歴史的展開が含意され、空海の双璧の主著『秘密曼荼羅十住心論』と『秘蔵宝鑰』とに説かれる。

(2) 教理論

六大体大、四曼相大、三密用大、阿字体大より成る。六大・四曼・三密は、密教教理の綱格である。これは空海の『即身成仏義』の冒頭に掲げる二頌八句の「即身成仏頌」に端的に示されているのであり、『十住心論』の帰敬頌で、いっそう体系的に両部曼荼羅に即して再説されている。阿字体大説は『大日経』転字輪品を根拠とし、『秘蔵宝鑰』には阿字観の実修が説かれる。が、阿字体大説は主として台密系の密教哲学として知られる。また、密教における言語哲学の一課題として、とくにシンボル体系として捉えることもできるであろう。

(3) 仏身論

法身と曼荼羅とを主題とする。仏身観もしくは仏身論は全仏教において仏宝を確認する意味で最も関心のもたれてきたものであり、教理のイメージ化の問題でもある。仏身観は法身観の発達によって収斂され、法身観は密教に至って人格的実在として極まったといえよう。それは曼荼羅の成立と不可分の関係にあるのは、いうまでもない。曼荼羅こそ絵画による密教世界の具現化なのである。

(4) 成仏論

密教は、即身成仏という実践目標そのものの実現にあるといえよう。顕教すなわち大乗仏教一般では菩薩道を説き、当然のことながら菩薩の立場からの成仏指向型であるのに対し、密教の密教たるゆえんはまさしく成仏の実現を説く点にある。したがって密教は顕教に対して成仏実現型である。だから、成仏はたんなる理談ではなくて宗教的な直接体験にほかならない。哲学から宗教へ、という著者の合言葉が含意するものを理解することが出来よう。

次に、本書の特色として、次の三点が考えられる。

一、明治以後、出版された密教の概論書は比較的少ないが、密教を近代仏教学の立場から体系づけた最初の著作だといえる。

二、叙述が簡明直截で、分かりやすく、難解な密教への入門書としても恰好の著作である。

三、密教の伝統的な教学を巧みに生かしながら、しかも伝統説に拘泥することなく、自由豁達に密教をして語らしめていることである。

このようなわけで、まさに現代人のための斬新なる概論として今日なお色褪せておらず、名著の名に適わしい。

筆者は往年、五年間にわたって先生に師事して親しく謦咳に接し、また密教概論の講莚の末席を汚した者である。

このたび、ご嗣子高神哲也氏の懇請、編集部渡辺照敬氏の慫慂と教示とをいただいて、改訂新版の任に当ったのは、得難い法縁という他はない。今更のように、先生の学恩を胸中に蘇らせて、衷心より報謝のまことを献げる次第である。なお、ラテン語、ドイツ語については大正大学・智山伝法院広沢隆之講師に確認を乞い、教示を得た。記して謝意を表する。

一九八八年十一月二十一日

信州の蓬屋にて

宥勝識す

高神《たかがみ》　覚昇《かくしょう》

1894年　愛知県市江村に生まれる
1916年　智山勧学院大学本科卒業
1917年　大谷大学にて佐々木月樵に学ぶ
1924年　智山勧学院教授
著書　『仏教序説』『父母恩重経』
『真理を歩む』『宗教と青年』
『仏教概論』『般若心経講義』他
1948年　逝去

密 教 概 論（改訂新版）

平成元年4月25日　第1刷発行
平成7年5月22日　第3刷

著　者　高神　覚昇
発行者　石原　大道
印刷所　三協美術印刷株式会社
発行所　有限会社　大法輪閣
東京都渋谷区東 2—5—36 大泉ビル
電話(03)5466-1401
振替00130-8-19番

密教概論　改訂新版（オンデマンド版）

2004年 3 月31日　発行

著　者　高神　覚昇
発行者　石原　大道
発行所　有限会社 大法輪閣
〒150-0011　東京都渋谷区東 2-5-36　大泉ビル
電話　03-5466-1401　FAX　03-5466-1408
振替　00130-8-19 番
URL　http://www.daihorin-kaku.com

印刷・製本　株式会社 デジタルパブリッシングサービス
URL　http://www.d-pub.co.jp/

AB691

ISBN4-8046-1636-5 C0015　Printed in Japan